Aus dem Nichts - Wunder der Schöpfung

Staunendes Nachdenken als Gebet

Maria Wolf

Aus dem Nichts - Wunder der Schöpfung

Staunendes Nachdenken als Gebet

Bibliografische Information der Deutschen
Nationalbibliothek: Die Deutsche Nationalbibliothek
verzeichnet diese Publikation in der Deutschen
Nationalbibliografie; detaillierte bibliografische Daten sind
im Internet über http://dnb.dnb.de abrufbar.

© Januar 2023, Maria Wolf
Herstellung und Verlag:
BoD – Books on Demand, Norderstedt

ISBN: 9783757804107

Inhaltsverzeichnis

Vorwort

Die Entstehung unserer Welt, wird sie durch Urknalltheorie und Evolutionsforschung weniger wunderbar? Machen die technischen Entwicklungen den Menschen in seinem Erfindungsreichtum Gott ähnlich?

Meiner Ansicht nach gibt es dafür überhaupt keinen Anlass, vielmehr ist es immer noch staunenswert, wenn wir über das Wunder des Daseins nachsinnen.

Dies wird hier in der Form von Gebeten niedergeschrieben. Wie vielen Menschen, so geht es auch mir, denn ich spüre den Hauch des Göttlichen, wenn ich staunend das Werk der Schöpfung bewundere. Vielleicht kann ich hiervon etwas vermitteln.

Die Gebete in diesem Büchlein wurden mit der Annahme geschrieben, dass es einen persönlichen Gott als erste Ursache, als Schöpfer der Welt gibt, dass er lebendig ist und in unserer Welt immer noch gegenwärtig, und dass die Geschicke unseres Universums ebenso wie diejenigen unserer kleinen persönlichen Welt auch heute noch in seiner Hand liegen. Dass dies keine veraltete und mythologisch naive Vorstellung ist, sondern auch heute noch, ohne naiv zu sein, geglaubt werden kann, auch dies sollen die betenden Betrachtungen zeigen. Daher werden auch Erkenntnisse der Wissenschaften an mancher Stelle mit hineingenommen. Allerdings wird Gott in seiner Größe in vieler Hinsicht immer unfassbar für unseren menschlichen Geist bleiben.

Nicht alle Religionen kennen einen Schöpfergott und einen Anfang der Welt. Der Buddhismus macht keine Aussagen über die Entstehung der Welt, für den Buddhisten ist sie in ihrer Vergänglichkeit sowieso im Grunde leer und nichtig, und er versucht sich in Meditationen völlig von allem Vergänglichen zu lösen, um die dahinter liegende Leerheit wahrzunehmen. Leerheit ist aber nicht identisch mit dem Nichts, sie ist Weite und

Offenheit.

Meiner Meinung nach (und so manche spirituell veranlagten Menschen sehen es ähnlich), ist dies nur oberflächlich ein scheinbar unüberbrückbarer Gegensatz, ein Gegensatz, der sich aber in der Tiefe der unaussprechlichen Wahrheiten auflöst, in eine Weite und Weisheit hinein, die viel größer ist als diese Unterscheidungen.

Wenn man aber versucht, die unterschiedlichen spirituellen Wege, die zu diesen Ur-Wahrheiten führen, gleichzeitig zu gehen (und nicht möglicherweise, bei Interesse, jeden Weg zeitlich für sich), und die Wege womöglich noch durcheinander mischt, dann ergibt sich leicht ein verwirrendes und schließlich nichtssagendes Chaos.
Es ist, als wollte man vom Nordpol zum Südpol fliegen: man könnte vom Nordpol aus in jegliche Richtung starten, man muss nur gerade fliegen und nicht vom Kurs abweichen, dann kommt man zügig am Südpol an. Fliegt man allerdings Kurven oder gar eine Kehrtwende, dann kann es sehr lange dauern.
Daher konzentriere ich mich hier mit meinem Weg auf die christliche Religion und schwenke nicht tiefer gehend auf andere Religionen um.

In diesem Buch wird der Weg über das Gebet gegangen, dem staunenden Gebet zu Gott als Ur-Anfang und als Schöpfer der Welt.

Ich habe die Idee, diesem Büchlein weitere staunende Gebets-Themen folgen zu lassen. Hier, in diesen Texten, geht es vor allem um die „Ur-Schöpfung", das Staunen, dass überhaupt etwas werden konnte, und um die Beziehung der Schöpfung zum Schöpfer. Folgende Themen könnten z.B. sein: „Vielfalt der Natur – Wunder der Schöpfung", „Leben – Wunder der Schöpfung", „Geist und Erleben - Wunder der Schöpfung".

Maria Wolf
München, den 20.01.2023

Was wäre ich selbst im Nichts des Anfangs? Die Größe Gottes als Ur-Anfang

Herr, wie mächtig und gewaltig, wie schöpferisch und alles durchschauend bist Du, mein Herr und Gott.

Aus dem Nichts hast Du Möglichkeiten geschaffen, hast die Türen und Fenster zum Möglichen des Daseins geöffnet, hast aus den Möglichkeiten das Dasein keimen lassen, nach Deinen Regeln der Natur und doch in der Freiheit des Werdens.

Und das Dasein ergriff die von Dir gebotenen offenen Möglichkeiten, erblühte in Vielfalt und Veränderung, in Wachstum und Werden, in immer verschlungeneren Formen, Leben zeugend, Wahrnehmung und Wollen, Freude und Leid, Liebe und Trauer, Bestehen und Vergänglichkeit, auch Erkenntnis und Ahnung des Allumfassenden.

Würde unser menschlicher Geist im Nichts weilen, einem Nichts, das noch vor Leerheit und Abwesenheit wäre, ein Nichts, das weder das Dasein noch das Nicht-Dasein kennen würde: was wäre dann unser Geist? Er wäre ein Nichts, wie alles um ihn herum, nur dass es gar kein „um ihn herum" gäbe. Und nichts könnte er erfassen, nichts erfahren, nichts als wahr oder falsch erkennen, nichts als ich oder du, nichts als hier und dort, nichts als gestern, heute oder morgen wahrnehmen. Nichts wäre da, damit mein Geist sich selbst wahrnehmen und spüren könnte. Nichts könnte ich schaffen aus dem Nichts, nichts könnte ich erträumen im Nichts, nichts könnte ich wachsen lassen, nichts wäre lebendig. Denn wo nichts, gar nichts ist, da hätte mein Geist keine Vorlage, um sich irgendeine Vorstellung zu machen, öde wäre er, tot und abgestorben, oder eigentlich nie erwacht und unfähig jemals zu erwachen. So hilflos wäre mein Geist im Nichts, oder besser: er wäre einfach nicht.

Aber Du mein Herr und Gott, Du hast aus dem Nichts die Welt

werden lassen. Du warst vor dem Nichts und in dem Nichts und hast es doch verwandelt, hast das Dasein aus dem absoluten Nichts gehoben, hast ihm Möglichkeiten angeboten, die erst im Nichts vor-geboren werden mussten, bevor etwas sein konnte.

Wie gewaltig muss Deine Schöpferkraft doch sein! Nichts dergleichen gibt es sonst auf der Welt. Unbegreiflich und wunderbar großartig bist Du, mein Herr und mein Gott. Du umfängst alles und trägst es ins Dasein, behütest und wandelst es. Danken für das Dasein muss ich zuallererst Dir, denn durch Dich erst bin ich geworden, geworden zusammen mit allem, was Du um mich herum geschaffen hast, mit allem, was Du werden ließest. Amen.

Das Nichts und die Leere

Ohne Dich, mein Herr und mein Gott, ohne Dich wäre nichts auf der Welt:

kein Raum
und keine Zeit
kein Universum
keine Erde
keine Ozeane
nicht Berge und Flüsse noch Seen
keine Gesteine und keine Erde
keine Pflanzen
keine Tiere
und auch wir Menschen wären nicht.

Aber ohne Dich wäre auch keine Leere,
keine Leerheit voller offener Möglichkeiten,
nichts wäre, gar nichts.

Die Leere aber ist Dein,
sie gibt allem was ist die Möglichkeiten zum Sein.
Die Leere ist die Weite und Offenheit,

in die sich Raum und Zeit ergießen,
die Leere ist die Weite und Offenheit,
in welche hinein sich die Welten entfalten,
die Leere ist die Weite und Offenheit,
in der das Leben aufblüht,
die Leere ist die Weite und Offenheit,
die Freiheit und Kreativität ermöglichen,
die Leere ist die Weite und Offenheit,
die allem zugrunde liegt.

Nur dort, wo sich zuvor schon Leere ausgebreitet hat,
nur dort können Raum und Zeit wachsen,
nur dort kann etwas werden.
Und nur dort, wo noch freie Leerräume einladen,
kann neu geboren werden, kann wachsen, kann Leben sein.

Unser Dasein ist durchdrungen von Leere und Fülle.
Fülle ist nur dort möglich, wo Leere einen Freiraum anbietet.
Leben und Vielfalt sind der ständige Wechsel von Leere und
Fülle, von Offenheit und von ausgefülltem Dasein.

Im Nichts ist nichts, es ist tot und ohne Weite.
In der Leere sind unzählbare Möglichkeiten verborgen,
sie wispern uns zu und machen uns lebendig.
Indem wir Leere in Dasein verwandeln, leben wir,
indem wir Dasein der Vergänglichkeit übergeben,
schenken wir immer wieder neue Weiten und Freiräume,
aus denen neues Dasein erwächst.

Wie lebendig ist doch Deine Welt, oh Herr,
wie weise eingerichtet und immer wieder neu vielfältig.
Das Wechselspiel von Leere und Fülle,
von Weite, Offenheit und Wandlungs-Möglichkeit,
zusammen mit Dasein, Festigkeit, Beständigkeit und Zuverläs-
sigkeit,
wie klug hast Du es ersonnen!

In die eine Welt, die wir kennen,

hast Du beides zusammen eingefügt:
Leere und Dasein und ihr Wandel – sie sind die lebendigen
Pfeiler unseres Kosmos.
Wer, außer Dir, hätte aus dem Nichts diese Welt-erschaffenden
Gedanken haben können?
Niemand in Deiner Schöpfung hätte aus dem Nichts heraus die
Leerheit erschaffen können,
er hätte sie nicht einmal denken und sich vorstellen können.
Du hast die Leere gedacht, hast die Leerheit geformt als Weite
der Möglichkeiten.

Doch Leere alleine ist dem Nichts nicht sehr ferne.
Du fülltest die Leerheit mit Raum und Zeit,
wo zuvor weder Raum noch Zeit waren.
Du fülltest die Leerheit mit Dasein und Wandel,
wo zuvor kein Dasein erkennbar, und kein Wandel spürbar waren.

Du hast das Leben hervorgebracht,
das als Grundlage braucht:
die Leere mit ihren offenen Möglichkeiten,
den Raum mit seiner Ausdehnungsweite,
die Zeit mit ihrer Wandlungs-Offenheit.

Dankbar kann ich nur ahnen,
wie groß und machtvoll Dein Geist ist,
ehrfürchtig kann ich nur staunen,
was alles aus Deinem „es werde" heraus sich entfaltet hat.
Demütig nur kann ich Dich lieben,
dafür, dass Du mir das Leben eingehaucht hast,
und für all die Offenheit und Weite,
die mich umgibt
und zugleich für alles, was Bestand hat und mich hält.

Du, oh Herr, bist selbst die endlose Offenheit und Weite, die
Leere, die alles umfasst, und dabei bist Du dennoch zugleich
mein Halt und alles, was mich zuverlässig trägt.

Ohne Dich wäre ich gefangen im Nichts.
Ohne Dich wüsste ich nicht einmal, dass es mich geben könnte.
Ohne Dich wären keine Nähe und keine Weite,
keine Beständigkeit und keine Offenheit,
keine Erkennbarkeit und keine Lebendigkeit.

Alles, was ich bin, liegt in Dir.
Alles, was ich bin, kommt aus Dir.
Alles, was ich bin, sehnt sich nach Dir.
Alles, was ich bin, bin ich in Dir.

Ich danke Dir, mehr als ich jemals aussprechen und zeigen kann.

Zu groß bist Du, als dass mein Dank ausreichen könnte.
Zu groß bist Du, als dass mein Sinnen Dich mehr als ahnen könnte.
Zu groß bist Du, als dass ich das große Werk verstehen könnte.
Doch gütig bist Du und hältst mich liebend in Deiner Hand.

Nur in Deiner Liebe kann ich bestehen,
nur in Deiner Liebe kann ich leben und atmen,
nur in Deiner Liebe bin ich – zusammen mit allem, was ist.
Amen.

Du schenkst uns Möglichkeiten und Freiräume

Du hast uns Menschen überreich mit Möglichkeiten beschenkt.

In die Leere der daseinslosen Ewigkeit hast Du, oh Herr, die Zeit gegossen, und mit ihr den Raum.
Was wäre ich ohne Zeit und Raum? Ich wäre gar nicht und auch nichts um mich herum.

Du, oh Herr, schufst Zeit und Raum als Herberge für verwirklichte Möglichkeiten, so groß an der Zahl, dass sie niemand benennen oder zählen könnte.

Was wären Zeit und Raum ohne die Möglichkeiten für die Welt? Sie wären nur leere Hülsen, die niemals lebendig gefüllt würden.

In Zeit und Raum hast Du, oh Herr, die Möglichkeiten geschieden, in das, „was ist", und in das, „was nicht ist".
Das „was ist" wurde viel weniger, als das, „was nicht ist". Aber das, „was ist" schufst Du in großer Schönheit und Würde, so dass das, „was ist", hinein in das, „was nicht ist" leuchtet und damit auch das, „was nicht ist" mit Licht und Glanz erfüllt.
Doch das „was nicht ist" hat seine eigene Schönheit, auch wenn sie im Nichtsein begründet ist. Das „was nicht ist" gibt dem „was ist" den Atem und den Raum der Freiheit.

Alles „was nicht ist" bleibt in seinem Nichtsein leer, der Raum und die Zeit, die sie erfüllen, sind offen und weit, sind Möglichkeiten der Veränderung, des Wandels für das „was ist".

Wie wahrhaftig weise und unerreichbar klug hast Du, oh Herr, die Welt geschaffen.

Raum und Zeit als reine Leere wären unbegreiflich und substanzlos.
Wären jedoch Raum und Zeit völlig angefüllt mit Substanz und Dasein, dann gäbe es keine Möglichkeit mehr zum Wandel.
Dein schöpferisches Wort, oh Herr, hat Raum und Zeit hervorgebracht und hat sie wachsen lassen.
Und in diesem Wachstum hast Du, oh Herr, sie immer vielseitiger mit Möglichkeiten gefüllt.
Und einige dieser Möglichkeiten fanden Raum und Zeit sich zu verwirklichen, ins Dasein zu treten.
Wunderbar ist Deine Verteilung, oh Herr, von jeweils an bestimmten Orten und in einem bestimmten Zeitraum verwirklichten Möglichkeiten, nämlich von dem „was ist" auf der einen Seite, und auf der anderen Seite von den im übrigen Raum oder zu anderer Zeit nicht verwirklichten Möglichkeiten, also von dem „was nicht ist", von der Leere und Offenheit. Durch diese Verteilung hast Du dem „was ist", dem Dasein, eine ungeahnte

Zahl an offenen Möglichkeiten geschenkt.
Und durch die Zeitläufte hindurch hat sich „das was ist" durch offenen Raum und Zeit in die Möglichkeiten hinein immer wieder gewandelt und umgeformt und hat neue Erscheinungen hervorgebracht und unsere Erde belebt.
Und so sind schließlich auch wir Menschen ins Dasein gewachsen, weil Du, oh Herr, dafür die Möglichkeiten, den Raum und die Zeit und das Dasein geschaffen hast.

Nur danken und staunen kann ich angesichts Deines großartigen Werkes. Amen.

Nichts, Leerheit, Möglichkeiten, offene und verwirklichte, und das Dasein

Gibt es einen Unterschied zwischen „Nichts" und „Leere"?
Und wo finde ich Dich und Dein Werk, oh Herr allen Daseins?

Nichts ist nichts, nicht einmal leer.
Denn wäre es leer, gäbe es auch mögliche Fülle.
Nichts ist nicht einmal ein Punkt.
Nichts ist nichts.

Leerheit ist gefüllt mit Möglichkeiten,
gefüllt mit offenen Möglichkeiten.
In der Leerheit sind die Möglichkeiten nicht verwirklicht, aber sie sind als Möglichkeit vorhanden: unsichtbar, unberührbar, nicht-seiend, aber möglich.

Aus Leerheit kann durch Deine Macht, geboren aus Deiner Schöpferkraft, kann Raum werden, kann Zeit werden.
Auch Raum und Zeit hast Du unsichtbar und unberührbar gemacht, aber sie sind in unserer Welt.
Raum ist nicht einfach Leerheit, er hat Orte und Richtungen.
Ebenso ist reine Zeit nicht einfach leer, wir erleben sie als Vergangenheit, Gegenwart und Zukunft, als einen konstanten Fluss und ahnen Zeit als Ewigkeit.

Raum und Zeit schenken uns die Möglichkeiten des körperlichen Daseins.

Der Raum bietet uns ausgedehnte Räumlichkeit, in der wir leben und verschiedene Positionen einnehmen können (und das gilt auch für alles um uns herum).

Der Lauf der Zeit schenkt uns die Möglichkeit der Veränderung, Vergangenheit ist „gefüllte Zeit", aber wenn wir in die Zukunft blicken, haben wir im Hinblick auf das Dasein „leere Zeit", wir können sie offen gestalten, nach den Möglichkeiten, die sich uns anbieten. Im Alltag sind Urlaub und Pausen besonders möglichkeits-offene Zeiten.

So hast Du, oh Herr, weise uns die Offenheit der Dimensionen Raum und Zeit geschenkt, damit wir in ihnen leben und wandeln können.

Doch alleine aus Zeit und Raum sind wir nicht geworden.
Um uns ins Dasein zu heben, musstest Du noch Materie und Energie erdenken und erschaffen.
Materie ist gefülltes verwirklichtes Dasein, verwirklichte feste Möglichkeit.
Energie ist die Kraft zur Veränderung, ist der unsichtbare Ursprung zum steten Wandel von verwirklichten und offenen Möglichkeiten, sie bewahrt die Materie vor der Erstarrung.
Doch ohne Festes, ohne Materie, ohne Erkennbares wiederum bliebe das Dasein flüchtig und nicht wahrnehmbar.

Wer hätte von uns Menschen eine solch großartige Schöpfung aus dem Nichts, aus keinen in einer Vorlage erkennbaren Mustern, erdenken können?
Niemand von allen jemals gelebten Menschen hätte diese Vorstellungskraft gehabt, niemand kann eine solche Welt sich denken, ohne zuvor ähnliche Beispiele gesehen zu haben.
Aber Du, oh Herr, hast diese Welt und dieses Dasein, die umfassende Leerheit und die enthaltenen Möglichkeiten mit verwirklichtem Dasein, in Dir schauend erkannt und aus Deinem Willen und Wort heraus geschaffen. Wie groß und unbegreiflich bist Du, oh Herr!

Doch nicht nur Zeit und Raum, Materie und Energie und verwirklichte Möglichkeiten hast Du der Welt geschenkt.
Diese alleine wären wahrscheinlich nur ein chaotischer Brei von Durcheinander.
Nein, Du hast Gesetze geschaffen, Naturgesetze, denen alles im Kosmos gehorchen muss.
Du hast die Kräfte eingeteilt in viele Formen: da gibt es Kräfte, die zusammenziehen, aber auch Kräfte, die auseinander treiben, es gibt Energie, die wärmt und Energie, die leuchtet, es gibt Fliehkraft und Trägheit, Schwerkraft und Explosion, Licht und andere Strahlen.
Du hast den verschiedenen Kräften unterschiedliche Möglichkeiten des Wirkens gegeben, hast sie aber dabei an die Welt gebunden, so dass sie sich ineinander verwandeln können, aber nirgends verloren gehen.

Nach und nach erkennen wir forschenden Menschen die Großartigkeit Deiner Gesetze, ihres Zusammenwirkens und wie sie aus einfachen Elementen immer mehr Vielfalt erblühen lassen.

Und Du, oh Herr, hast, um die Vielfalt und ihre Möglichkeiten noch zu vermehren, die Materie, das raum-einnehmende Feste, so erschaffen, dass es sich zusammenbinden kann und die verschiedensten Atome und Moleküle und Dinge bilden kann, mit ganz unterschiedlichen Eigenschaften.

Welche schöpferische und doch geordnete Fantasie hast Du in Dir ruhen! All das hätten wir mit unserem kleinen Geist niemals aus dem Nichts ersinnen können.

Doch hast Du nicht einfach alles nebeneinander hingestellt: Raum, Zeit, Möglichkeiten, offene und verwirklichte, Energie, Materie und Wandel – nein, Du hast sie so klug und weise ineinander verwoben, dass sie miteinander verbunden sind, sich ineinander fügen und sich wandelnd, immer wieder Neues entwickeln und verwirklichen.

Es ist ein ständiges Werden und Vergehen, manchem Geschehen hast Du, oh Herr, Jahrmilliarden zugeteilt, andere Veränderungen laufen in Bruchteilen von Sekunden ab. Und doch ist alles so wohlgebildet, dass Ordnung und Freiheit, Beständigkeit und Kreativität zugleich bestehen können und sich befruchten.

Und damit dies alles sein kann, und nichts sich in Unendlichkeit verliert, hast Du, oh Herr, die Gegensätze ersonnen. Wer von uns hätte beim Erschaffen aus dem Nichts an aufeinander wirkende Gegensätze gedacht? Aber Du hast die Gegensätze zum belebenden Prinzip gemacht.

Das chinesische Yin-Yang-Symbol bezeichnet die Allgegenwart des Gegensätzlichen, und die Physik beschreibt es mit den gegensätzlichen Kräften, die aufeinander wirken, ebenso.

Was wäre unsere Welt, gäbe es nicht Klein und Groß, nicht Schnell und Langsam, nicht Bewegt und Stehend, nicht Wärme und Kälte, nicht Licht und Dunkel, nicht Anziehung und Abstoßung, nicht Weite und Nähe, Entwicklung und Vergehen, nicht Festes und Bewegliches, nicht Ruhe und Aktivität, nicht freien Raum und „besetzten" Raum, nicht Zuneigung und Abneigung, nicht Wollen oder Ablehnen, nicht Mögliches und Unmögliches, und noch so vieles anderes mehr.

Und weil es grundsätzlich Bestand und Veränderung geben muss, damit eine vielgestaltige, lebendige Welt werden kann, so hast Du, oh Herr, das Beständige und das Veränderliche erschaffen.

Die Naturgesetze gehören unserer Beobachtung nach zu den unveränderlichen Gesetzmäßigkeiten, auf die sich – dank Deiner Entscheidung, oh Herr, - alles und jeder verlassen kann.

Doch der große Raum der offenen Möglichkeiten zusammen mit der Fähigkeit der Energien zu wandeln, bringt – nach den Gesetzen der Natur, aber gleichzeitig in gestalterischer Freiheit - immer neue Formen, Gestalten und Lebewesen ins verwirklichte Dasein.

Wie großartig ist doch Dein Werk, oh Herr!

Und gerade mit diesen Gegensätzlichkeiten ist es eine einzige ganze Welt, ein Ganzes, ein Kosmos, ein Universum, und dazu erkennen wir eine Welt, die Leben hervorbringen kann: Leben, Erkennen, Verstehen, Leben mit Gefühlen, mit Erlebnisfähigkeit, mit Liebe.

Wie kann ich Dir dafür jemals genug danken, oh Herr?
Ich fühle, dass es die Liebe ist, in der mein Dank zu Dir fließen kann.
Du bist ein Gott der Liebe,
ich darf Dich lieben für all das, was Du mir schenkst,
und ich darf Deine Liebe annehmen, indem ich mich Dir öffne.
Unbegreiflich wirst Du mir immer sein, solange ich in dieser Welt wandle, zu groß bist Du für meinen Verstand, für meine Worte, für mein Begreifen.
Doch in der Liebe zu Dir spüre ich Deine Liebe als Antwort.
Auch wenn ich Dir in Deiner Größe unendlich ferne bin, so bist Du mir, oh Gott, in der Liebe nahe und vertraut.
Wie schön ist es, sich in Dir geliebt geborgen zu fühlen. Deine Liebe schenkt mir meine Fähigkeit, Dich oh mein Herr und Gott, ebenfalls zu lieben – und nicht nur Dich, sondern Deine ganze Schöpfung und die Menschen, denen ich begegne.
Deine Liebe zu Deiner Schöpfung und auch zu uns Menschen trägt alles. Ohne Deine Liebe wäre nichts.

Ich danke Dir, mein Herr und mein Gott, Du bist das Leben in mir und in uns, nur in Dir und durch Dich bin ich, sind wir, in Deinen Händen geborgen. Amen.

Leere und Fülle – Laotse - der leere Topf

Oh Herr, Du hast die absolute Leerheit des Ur-Kosmos mit Dasein und Leben erfüllt. Aber Du hast die Welt so erschaffen, dass es immer noch Leere im Kleinen gibt, Leere, die uns Zeit und Raum gibt für Veränderungen.

Die Ur-Leerheit hat Laotse bereits vor über 2.000 Jahren beschrieben:

„... "Nichtsein" nenne ich
den Anfang von Himmel und Erde.
„Sein" nenne ich die Mutter der Einzelwesen..." .

Mir scheint, Laotse beschreibt hier die Ur-Leerheit, die Du, oh Herr, vor Himmel und Erde erschaffen hast, damit darin das Dasein einen Raum der Möglichkeiten vorfände. Die Ur-Leerheit ist ein Ganzes, das die einzelnen Dinge und Wesen beherbergt, die Dinge und Wesen, die Du ins Dasein sich entfalten ließest, und deren Entfaltung Du weiterhin begrüßt und sie ermöglichst.

Auch die Leere im Kleinen, die Du, oh Herr, in unzähligen Erscheinungen zulässt und vorgeformt hast, auch diese Leere beschreibt Laotse, wobei ich „Nichts" (Original-Übersetzung) mir treffender scheinend hier eigenmächtig mit „Leere" übersetze:

„...Man höhlet Ton und bildet ihn zu Töpfen
In ihrer Leere besteht der Töpfe Werk.
Man gräbt Türen und Fenster, damit die Kammer werde.
In ihrer Leere besteht der Kammer Werk.
Darum: Was ist, dient zum Besitz.
Was leer ist, dient zum Werk."

(Beide Zitate aus: „Laotse. Tao te king. Texte und Kommentar", Übersetzer Richard Wilhelm, Diedrichs Gelbe Reihe DG 19 China, München 1978/1993, S. 41, Nr. 1 und S.51, Nr. 11)

Was wäre denn ein Topf, der innen nicht hohl wäre? Kein Mensch könnte ihn noch einmal füllen.
Die Leere aber schenkt uns unzählige Möglichkeiten:

Der Topf kann mit Wasser oder Gemüse, mit Fleisch, mit Steinen, mit Salbe, mit Blumenerde und mit allem möglichen anderen, was klein genug ist, um hineinzupassen, gefüllt werden.

Das Zimmer, das nicht voll gestellt ist, bietet unvorstellbar viele Möglichkeiten, Dinge darin abzustellen oder sich als Mensch oder Tier darin zu bewegen. Die Türen sind die Leere, durch die ich hinein- oder hinausgehen, die Fenster die Leere, durch die ich hinein- oder hinausschauen kann, und dabei alles Mögliche erblicken kann.

Wie glücklich dürfen wir sein, oh Herr, dass Du uns neben den Dingen und allem, was fest da ist, dass Du uns da auch noch Leerräume geschenkt hast, Leerräume für verschiedenste Möglichkeiten.

Und Du hast uns nicht nur 3-dimensionale Raum- Leerheiten als offene Möglichkeiten geschenkt, Du hast auf vielen Ebenen und überall Freiraum für Leerheiten ermöglicht.

Es gibt den leeren Raum als 3-dimensionalen Raum (wie das Kruginnere oder das Zimmer).
Es gibt die leere Zeit, wie die Pause, den Schlaf, den Urlaub.
Es gibt Leerheit der Formen: ein Bildhauer z.B. kann aus einem Stein ganz verschiedene Skulpturen heraushauen, solange der Stein noch unberührt ist.
Es gibt die Leerheit der Gedanken: so lange ich noch nicht über etwas nachgedacht habe, so lange ist offen, in welcher Weise ich bestimmte Dinge betrachten und bedenken werde.
Es gibt die Leerheit der Pläne: erst wenn ich ein Vorhaben beginne zu planen, schränke ich die Vorgehensweise aus der Fülle vorhanden Möglichkeiten ein.
Es gibt die Leerheit des Schicksals: solange im Lebenslauf noch kein bestimmter Weg eingeschlagen wurde, so lange sind viele Wege offen.
Es gibt die Leerheit der Ansichten: in dem Augenblick wenn ich etwas sehe oder höre, in diesem Augenblick habe ich noch keine Ansicht, keine Meinung dazu, meine Ansicht dazu ist noch „leer", ungeformt, es gibt noch viele offene Möglichkeiten, wie sich meine Ansicht dazu ausformen kann. Erst wenn ich das Gesehene oder Gehörte in meine Erfahrungen einordne oder andere es für mich zuordnen, dann schließt sich die Leerheit, dann wandelt sich die Offenheit zu einer eindeutigen Ansicht oder Meinung.

Welch einen Reichtum an offenen Möglichkeiten, oh Herr, hast Du uns bereitet, indem Du den Kosmos nicht völlig angefüllt hast, sondern überall auch viele Leerheiten mit dabei sind, welche sich den Kosmos mit dem festen Dasein teilen.

Und noch erstaunlicher ist die Vielfalt, mit der Du, oh Herr, die Verbindungsmöglichkeiten von Festem und offenen Möglichkeiten durch Leerheit zugelassen hast.

Außer der absoluten Ur-Leerheit ist jede Leerheit mit etwas Daseiendem verbunden und umgeben.

So ist die Leerheit in dem Topf von Laotse einmal mit Raum und Luft gefüllt, und gleichzeitig von der Topfwand umgeben.
Aber die Luft ist beweglich und kann den Raum im Topf an etwas anderes abgeben. Die Luft hat in ihrer Beweglichkeit sowohl Anteil an der Leerheit (kein festes Bestehen auf einem Ort, kann den Topf verlassen) als auch an der Festigkeit des Daseins, denn auch wenn die Luft den Topf verlässt, ist sie immer noch vorhanden, wenn auch an einem anderen Ort.
Nicht beweglich dagegen ist die zumindest einigermaßen (nicht absolut) feste Topfwand.
Und das zeigt, dass der Topf zwar etwas Gewünschtes in seine innere „Leerheit" aufnehmen kann, aber er behält es nur (fester Ort des Eingefüllten) durch die Hilfe der Topfwand, ohne Topfwand würde nichts an der Stelle der „Leerheit" bleiben.

Wie wunderbar ist, Herr, Deine verschlungene Welt, Dein Kosmos, der sich aus Deinen Gesetzen entwickelt und entfaltet!

Sind wir Menschen mit unserem Körper und unserem Geist nicht auch in vielfältiger Weise fest und beweglich: fest daseiend und beweglich möglichkeitenoffen?
Und können wir nicht unseren Körper mehr dem Dasein zurechnen, während der Geist stärker möglichkeiten-offen ist und damit bis zu einem gewissen Grade leer?

Was geschieht, wenn wir sterben? Erhebt sich unser Geist von der diesseitigen körperlichen Gebundenheit und schaut mit Dir, oh Gott, die vollkommene Leerheit zusammen mit dem vollständigen Dasein, über alle Zeiten hinweg und in Ewigkeit?

Wir können Dein Wesen, Deine Schöpfungskraft, Deine Gedanken und Dein Sein, das schon im Nichtsein war, nur erahnen. Und doch bist Du uns ein „Du", bist Gegenwart und Fühlen, bist mit uns, und sorgend für Deine Schöpfung, für alle Wesen, für uns Menschen, und schaust liebend auf jeden von uns. Sprachlos bin ich vor Deiner Größe, dankbar vor Deiner Weisheit und Güte, und hoffend durch Deine Liebe. Amen.

Logik: Alles doch ganz selbstverständlich, kein Staunen?

Mein Herr und mein Gott,
ich höre in Gedanken schon manche Leser „tuscheln":

„Aber ist alles vielleicht gar nicht so erstaunlich? Ist unsere Welt nicht einfach durch und durch logisch aufgebaut und gehorcht zuverlässig den Naturgesetzen, und dabei kommt es eben zu all den Erscheinungen, die hier bewundert und bestaunt werden. Aber eigentlich ist das doch alles ganz natürlich und selbstverständlich."

Was könnte ich ihnen antworten?
Ich versuche es einmal so:

Wissen wir woher die Naturgesetze denn kommen, die so wunderbar ineinander greifen? Möglich, dass alles auf ein grundlegendes Gesetz zurück geführt werden kann, oder auf zwei Gesetze, die zueinander Gegenspieler sind. Aber auch dann können wir auf wissenschaftlicher Ebene nicht sagen, woher diese fundamentalen Gesetze stammen.
Gibt es denn einen Staat, der Gesetze kennt, wenn es niemanden gibt, der sich diese ausgedacht und niemanden, der sie ver-

abschiedet hat? Nein, das wäre kein funktionstüchtiger Staat, da dort alles gesetzlos drunter und drüber ginge. Es wäre vielleicht eine chaotische Lebensgemeinschaft, archaisch und unberechenbar. Aber Gesetze gäbe es keine.

Würde auf einem Spielbrett ein interessantes, spannendes Spiel entstehen, wenn sich niemand die Spielregeln ausdenkt? Nein. Regeln sind nicht einfach da. Regeln werden erdacht und eingesetzt.

Ist es nicht denkbar, dass auch die Naturgesetze, die Regeln der Natur, nicht „einfach so" geworden sind, sondern dass sie vor Entstehung der Welt erdacht wurden und einander zugeordnet?

Herr, was für ein Wunderwerk hast Du hier vollbracht! Kein Mensch könnte sich aus dem Nichts ein derart vielseitiges und ineinander greifendes Regelwerk an Beharrung und Veränderung ausdenken, das ständig neue Erscheinungen hervorbringt und einen Geist entstehen lässt, der dieses Regelwerk entdecken und nutzen kann, wie wir Menschen es tun.

Und was ist mit der Logik – gehorcht vielleicht alles den Gesetzen der Logik?

Es sieht danach aus.

Aber woher kommt die Logik? Wieso ist etwas in unserer Welt logisch – doch nur, weil es Gesetzmäßigkeiten gibt, die aufeinander aufbauen, und die wir beobachten.

Zwei und zwei ist vier, heißt es, das ist doch logisch. In unserer Welt ja, da ist es logisch. Aber dafür müssen schon einige Voraussetzungen geregelt sein: es muss Getrenntes geben (und nicht nur ein ununterscheidbares „Eines"), es muss etwas geben, das wiederholt vorkommt, es muss die Möglichkeit geben, dem noch mehr hinzuzufügen. Und es muss einen Geist geben, der Einzelnes unterscheiden kann und doch auch gleiche Eigenschaften in den Einzelnen Dingen erkennen kann. Es muss einen Geist geben, der gedanklich diese Dinge verbinden kann, d.h. er muss zugleich in Einzeldinge trennen können, als auch diese wieder zusammenbringen können. Und er muss die abstrakte Fähigkeit des Zählens entwickelt haben.

Ist es so selbstverständlich und logisch, dass dies alles so sich entwickeln musste? Oder hätte es sich auch ganz anders, unserer Logik oder Erfahrung widersprechend entwickeln können – nur dass wir uns das nicht vorstellen können, weil wir gewohnt sind, in den logischen Strukturen, die wir vorgefunden haben, zu denken? Wir können mit unserer Vorstellungskraft nur schwer aus den Regeln, den Gesetzen und den logischen Zusammenhängen unserer Welt ausbrechen. Das heißt aber keineswegs, dass dies grundsätzlich unmöglich wäre. In der Quantenphysik stoßen wir bereits schon an die Grenzen unserer Logik, und auch sich die Einsteinsche Raumzeit als Einheit und nicht getrennt in Raum und Zeit vorzustellen, fällt uns schon schwer, obwohl das ja noch innerweltliche Phänomene sind, in deren Mitte wir leben, und von denen wir umgeben sind.

Oh Herr, Du hast unserer Welt eine so stabile und in vielen Bereichen erkennbare Ordnung – aber nicht in allen Bereichen wahrnehmbar - gegeben, mit Naturgesetzen und Festigkeit in den Erscheinungen, wie beispielsweise bei den Atomen oder Energiequanten, so dass wir eine klare Logik für viele Bereiche aufstellen können, dass wir fordern können, Beobachtungen müssen den Naturgesetzen und der Logik entsprechen.
Hättest Du, oh Herr, die Welt nicht gerade eben so aus dem Nichts aufgebaut, so wären wir nicht in der Lage, sie so zu begreifen, wie wir es tun, wären wir nicht in der Lage, sie in vielen Bereichen zu beeinflussen, wie wir es zunehmend vermehrt vornehmen. Doch wir können es – aber eben nur in dieser, unserer Welt. In einer anderen Welt, in der andere Gesetze und Logiken gelten würden, wären wir mit unseren Erkenntnissen hilflos und verlören die Orientierung.

Immer wieder kann ich nur staunend danken: für diese Welt, die geordnet mit Naturgesetzen und Logik uns dennoch so viel Freiheiten lässt, dass wir es erleben, uns jeden Tag in tausenden Dingen entscheiden zu können.

Du, oh Herr, hast das Kunststück vollbracht, eine verstehbare, zuverlässig den Regeln folgende Welt aufzubauen, die dabei gleichzeitig so viel Freiheiten zeigt, dass sich eine wunderbare Vielfalt und Buntheit entfalten kann.

Und all dies wird begleitet von unserem Erleben, von unseren Gefühlen, von einem Suchen nach Schönheit, nach Liebe, nach Sinn.

Oh Herr, wie wunderbar hast Du diese Welt geschaffen! Danke. Amen.

Möglichkeiten und Schrödingers Katze und immer wieder Staunen

Heutzutage, oh Herr, wissen vielleicht in unserem Land mehr Menschen von dem quantenphysikalische Gedankenexperiment genannt „Schrödingers Katze" - das ja nicht in Wirklichkeit durchgeführt werden kann - als dass Leute die Lehren des Christentums gut kennen.

Schrödingers Katze, so die Theorie zum Gedankenexperiment, ist, durch eine ausgeklügelte quantenphysikalische Versuchsanordnung, sowohl tot als auch lebendig, solange niemand nachsieht. Erst durch das Nachschauen entscheidet sich, welche Möglichkeit – tot oder lebendig – wirklich geworden ist.

Es dürften vielleicht diese Überlegungen sein, die in der Astrophysik dazu führten, dass so manche glauben, die Welt sei im Urknall durch Zufall entstanden. Es hätte unglaublich viele zufällige, offene Möglichkeiten der Entwicklung einer Welt gegeben, die sich alle auch einmal verwirklichen könnten, und irgendwann wäre eben auch im Urknall zufällig die Möglichkeit unserer Welt tatsächlich entstanden. So wie Schrödingers Katze tot und lebendig zugleich ist, bis man nachschaut, so wären vor dem Urknall eben viele Welten möglich, bis sich jeweils eine verwirklicht, hier eben unsere Welt und unser Universum.

Doch für mich, oh Herr, bleiben da noch viele Fragen offen.

Bei Schrödingers Katze muss jemand nachschauen, damit die Katze tot oder lebendig wird. Wer hat dann beim Urknall nachgesehen, damit die Möglichkeit unserer Welt wurde? War es ein göttliches Wesen, warst Du es, oh Herr?

Aber wenn es so gelaufen sein sollte, so war zwar vorher eine Leerheit ohne Raum und Zeit und ohne Materie und Energie, aber nach dieser Theorie zum Urknall gab es schon Möglichkeiten, Möglichkeiten, die sich verwirklichen konnten, wenn auch nach der Theorie nicht dadurch, dass sie ein göttlicher Schöpfergeist berührte, sondern durch Zufall.

Aber, es sei noch einmal betont: diese Leerheit vor dem Urknall enthielt eben nach dieser Theorie bereits Möglichkeiten. Nur eine davon war unsere Welt.

Doch woher kamen die Möglichkeiten, die vor dem Urknall schon da gewesen wären?

Möglichkeiten werden unterschieden in „offene, also mögliche" und in „unmögliche". Eingegrenzt werden die Möglichkeiten unter anderem durch die Naturgesetze, vielleicht auch durch den Geist, aber eindeutig durch die Naturgesetze.

Waren dann die Naturgesetze schon in der Leerheit vorhanden? Oder war die Leerheit auch ohne Naturgesetze, sind auch diese zufällig geworden, und ist es reiner Zufall, dass sie dieses mal, beim Werden unserer Welt, so zuverlässig und so sinnvoll für die Entstehung einer vielfältigen Welt sind?

Und woher kommt überhaupt die grundsätzliche Möglichkeit, dass eine Welt – ob per Zufall oder durch die Kraft eines göttlichen Geistes – entstehen konnte? Woher kommt es, dass es überhaupt ein Dasein gibt, dass Mögliches und nicht Mögliches sich auftut?

Mein Geist, oh Herr, kann in diese Geheimnisse nicht eindringen. Mein Geist wird immer nur staunend vor dem Wunder der Welt stehen, ein Wunder, das nach meinem Glauben Du gewirkt hast.

Denn ich ahne, es gibt Vieles, was mein Verstehen auf immer übersteigen wird.

Nur dankbar kann ich das So-sein aus Deiner Hand annehmen.

Nehme ich Dich, oh Herr und Gott, in meinen Überlegungen aus dem Gedankengebäude zur Entstehung der Welt heraus, so fühle ich eine große Öde und Einsamkeit, tote Kälte und Gleichgültigkeit.

Das ist aber nicht, wie ich die Welt und mein Leben erlebe. Ich bin ein fühlender Mensch, und auch ahnend. Und ich spüre, hinter all den Erscheinungen und Naturgesetzen in unserer Welt, dahinter ist ein schöpferischer Geist, da bist Du.

Und Du bist nicht gefühllos kalt und gleichgültig, Du mein Gott, nimmst Anteil an Deiner Schöpfung, Du liebst sie, Du schenkst ihr Freiheit und ordnest doch dort, wo es notwendig ist.

Ich glaube, in Dir ist die Vorstellung geworden, die Vorstellung von Möglichkeiten, von Leerheit und Fülle, von ordnenden Naturgesetzen, von Dasein und Offenheit, von Leben und Liebe und Beziehung. Aus dem Nichts hast Du alles ins Dasein gehoben und ihm Freiraum zur Entfaltung geschenkt. Und doch ist alles miteinander verwoben und verbunden.

Und Du hast uns die Möglichkeit geöffnet, im Geiste auch mit Dir verbunden zu sein. Du hast es als Möglichkeit, aber nicht als naturgesetzliche Notwendigkeit angelegt. Jeder kann sich Dir öffnen, oder sich verschließen. Doch wer sich einmal Dir geöffnet hat, den wird die Sehnsucht nach Dir, oh mein Herr und Gott, nie mehr wieder ganz loslassen.

Die Wege, auf denen Menschen nach Dir, der Du so unbegreiflich bist, suchen, mögen sehr verschlungen und von außen oft gar nicht erkennbar sein. Aber die Verbindung zu Dir lebt in uns auf oft unsichtbare Weise, sie reißt aber niemals ab, außer wir durchtrennen sie willentlich. Aber selbst dann – wer weiß...

Froh und dankbar bin ich, dass Du uns in diesem unfassbar großen Universum nicht alleine und einsam unsere Wege ziehen lässt, sondern dass Du uns begleitest, dass Du uns siehst, dass Du uns vielleicht oft unbemerkt leitest, und dass wir Dir nicht gleichgültig sind.

So groß ist Deine Größe, so unfassbar Dein Geist, so sehr übersteigst Du alles, was wir denken können, dass es erstaunt, dass Du allem und allen nahe bist und in allem wirkst. Doch spürt meine Seele, fühlt mein Herz, dass dies die Wahrheit ist, dass ich nicht verloren bin in einem unendlich scheinendem Universum, sondern dass ich bei Dir Halt finde, Trost und Geborgenheit, und eine lebendige Zukunft bei Dir nach dem Tode. Amen.

Ist es denn klug, an Gott zu glauben?

Herr, manche überlegen sich: ob es überhaupt unter einer sachlich-objektiven Beurteilung als klug gelten kann, an einen persönlichen Gott zu glauben.

Sicher ist es nicht unbedingt klug, einer fanatischen, engen und unbarmherzigen Religionsrichtung zu folgen, oder einer weltfremden, die alles nur unter einer rosaroten Brille wahrnimmt. Aber diese Gefahr gibt es in jeder Weltanschauung, so klug sie anfangs gewesen sein mag, so gibt es immer wieder Menschen, die sie aus Verblendung oder Eigeninteresse oder falsch verstandener Tradition verderben und ihr anfangs nicht vorgesehene Züge aufdrücken. Da muss jeder bei jeder Weltanschauung, die ihm begegnet, vorsichtig sein, gleich ob es sich um eine Religion oder eine andere Anschauung handelt – es sind eben Anschauungen und keine evidenzbasierten Tatsachen.

Doch ich bin froh, oh Herr, dass Deine Existenz keine „evidenzbasierte Tatsache" ist, keine festgelegte „Formel", keine eindeutige Gegebenheit. Ich freue mich daran, dass Du geheimnisvoll bist und bleibst, dass Du für mich nicht durch „wasserdichte" Beweise lebendig wirst, sondern indem ich mein Herz und meinen Sinn auf Dich hin öffne. Dann spüre ich Deine Gegenwart und die theoretische Frage, ob Du wirklich bist, wird zu Schaumschlägerei um Unwichtiges. Denn Du bist da.

Nie werde ich genau sagen können, wer und wie Du bist, zu groß bist Du für meinen Verstand, zu unsichtbar und doch in allem wirksam. Viel können wir Menschen über Dich erahnen, so manches hat uns Dein Sohn Jesus Christus kundgetan, und so etliches auch die Propheten. Doch damit kann niemand Dich wirklich einengen, kann niemand behaupten, Dich eindeutig zu erfassen. Je exakter jemand versucht, Dich zu beschreiben, desto mehr entfernt er sich von Dir, denn die Exaktheit würde Dich einengen, aber Du bist Weite.

Doch wenn der Schöpfergeist, wenn Du Gott, so schwer zu beschreiben bist, sollte man dann nicht besser sich auf andere Weltanschauungen verlassen? Z.B. auf ein wissenschaftliches Weltbild und nur darauf? Oder an den Glauben, dass Vernunft und das Gute im Menschen immer siegen werden?

Der Glaube an Dich, den Schöpfergott, hat einen nicht geringen Teil der Menschheit über Jahrtausende erfüllt und getragen, durch gute und durch schlechte Tage.

Manchmal wurden auch im Namen des Glaubens grausame Taten verübt – aber das kann auch in anderen Weltanschauungen geschehen: Wissenschaft kann irren, und in ihrem Namen könnten schwerwiegende Irrtümer viel Leid erzeugen, oder der Glaube, dass die Vernunft immer das Gute siegen lässt, könnte zu einer gefährlichen Naivität führen. Wir sind immer aufgerufen, gleich welcher Weltanschauung wir folgen, stets zu prüfen, ob wir nicht von einseitigen und engen Anhängern einer Religion oder Anschauung zu üblen Taten verleitet werden.

So gesehen ist es nicht weniger klug, an Gott zu glauben, als an andere Weltanschauungen. Allerdings vermitteln wissenschaftliche Ergebnisse keine Wärme, sie lassen das Herz kalt, sie faszinieren vielleicht, erregen, machen auch staunen – aber sie ergeben keine persönliche Beziehung. Wir können Interesse für wissenschaftliche Ergebnisse haben, die wissenschaftlichen Ergebnisse aber haben keinerlei Interesse an uns, wir sind ihnen – wie alles andere – gleichgültig.

Und der Glaube, dass das Gute sich einstellen wird, aus reiner Vernunft, ohne das Wirken von Dir, oh Gott, dieser Glaube könnte schlimme Folgen haben, wenn zu spät entdeckt wird, dass es doch nicht immer so der Fall ist, so wenn Menschen im Eigeninteresse keine Vernunft walten lassen im Hinblick auf das Gemeinwohl, da sie glauben, Egoismus nütze ihnen mehr. Wir wissen nicht wirklich, ob die Menschheit eine gute Zukunft haben wird, oder ob sie mit ihrer zunehmenden technischen Macht ihre Grundlagen zerstört oder in einer letzten großen Schlacht die Erde unbewohnbar macht.

Der Glaube an Gott jedoch trägt mich, wie immer auch wissenschaftliche Ergebnisse ausfallen mögen, und auch dann, wenn die Vernunft der Menschheit der Unvernunft weichen sollte. Gott ist durch das Wirken der Menschen nicht zu beweisen, aber er ist auch durch nichts aus der Welt zu schaffen. Die Kirchen mögen fehlen, aber ihre Fehlerhaftigkeit verändert nichts daran, dass Du, oh Herr und Gott, die Welt erschaffen hast und noch in ihr wirkst.

Viele mögen fragen: warum liefert Gott uns keine eindeutigen Beweise für seine Existenz? Nun, wir wissen es nicht, aber wäre es nicht denkbar, dass er uns die Freiheit schenkt, uns für ihn zu entscheiden, oder gegen ihn. Du Gott, würdest uns daher so frei sein lassen, wie ein Liebender, der seine Geliebte nicht bedrängt. Und wären eindeutige Beweise, oh Gott, für Deine

Existenz vorhanden, dann würden die Menschen daraus vermutlich sofort magische Praktiken entwickeln, mit denen sie meinten, Dich zwingen zu können.

Oh mein Herr und Gott, ich erkenne, es ist so am besten, wie Du es eingerichtet hast. Wir ahnen Dich, wir können Dir auf der Ebene der Seele und mit dem Herzen begegnen, aber Du zeigst Dich nicht wissenschaftlich fassbar, Du lässt vieles offen, Du bewahrst die Weite und lässt Dich nicht auf die engen Vorstellungen der Menschen ein. Du stehst über allen kleinlichen Versuchen, Dich einzubinden in unsere Wünsche und Vorstellungen und Erwartungen. Du bist der Herr, Du bist mein Gott. Amen.

Sind wir Menschen überhaupt wichtig?

Jahrtausende hielten sich die Menschen für die einmalige „Krone der Schöpfung".

Doch heute zeigt uns die Astronomie, wie gigantisch groß das Universum ist, und es gilt inzwischen als sehr wahrscheinlich, dass es „da draußen" noch viele Sonnensysteme mit Planeten gibt, die Leben hervorgebracht haben, und auf manchen vermutlich auch intelligentes Leben. Wir sind vermutlich nur zu weit voneinander entfernt, um jemals voneinander zu erfahren.

Doch wenn wir nicht einmalig sind, wenn das Universum gar nicht nur für uns erschaffen wurde, wenn wir nur ein winziges „Insekt" in einer riesigen Welt sind – wieso sollte Gott uns dann überhaupt wahrnehmen?

Im Grunde wurde diese Frage schon lange beantwortet, indem bereits im jüdischen Volk und in vorchristlicher Zeit angenommen wurde, Gott sähe jeden einzelnen, wisse um ihn und kümmere sich um jeden. Schon das war ja eigentlich unvorstellbar. Und doch haben es die Menschen wieder und wieder genau so erlebt.

Wenn Du, oh Gott, Millionen und heute Milliarden Menschen wahrnehmen und ernst nehmen kannst, dann dürfte es für Dich nicht anders sein, falls da draußen auch noch intelligentes Leben zu finden ist. Für Dich, mein Herr und Gott, dürfte es genauso möglich sein, dass Du Dich um alles Leben im Universum kümmerst, wie Du Dich um uns hier sorgst. Wir brauchen nicht zu befürchten, dass es Dir zu viel wird, Du hast alles Leben wachsen lassen, es ist Dein, und Du lässt es nicht allein. Danke. Amen.

Die Notwendigkeit von Gegensätzen und von Vergänglichkeit – wenn wir eine „gute" Welt schaffen könnten

Du, oh Herr, hast bereits aus dem Nichts heraus bedacht, dass eine Welt, die zugleich wandelbar als auch beständig sein soll, dass diese Welt zu jeder Eigenschaft eine gegensätzliche Eigenschaft braucht. Würde dieser begrenzende Gegensatz fehlen, würde sich die Welt in eine Unendlichkeit hinein auflösen. Alles muss begrenzt werden, allem was ist, hast Du nicht nur räumliche Grenzen gesetzt, sondern auch zeitliche in der Vergänglichkeit, oft zugleich mit einer Neugeburt des Daseins.

- Dem Raum hast Du die Gegensätze vorne und hinten, rechts und links, oben und unten gegeben, dazu weit und eng.
- Der Zeit hast Du, wie wir sie erleben, die Gegensätze von Vergangenheit und Zukunft geschenkt, getrennt durch das Jetzt, das fest an unserer Körperlichkeit haftet, aber dieses Jetzt können wir, im Gegensatz zur Körperlichkeit, durch unseren Geist in die Vergangenheit als Erinnerung ausdehnen, und ebenso in die Zukunft als Planung oder Fantasie.
- Du hast der verwandelnden Energie die beharrliche Materie gegenübergestellt, in der Welt verbinden sie sich und wechselwirken sie ständig und bringen die unterschiedlichsten Erscheinungen hervor.
- Du hast den zusammenziehenden Energien, wie der Schwer-

kraft und anderen, die trennenden, weitenden Kräfte gegenüber gesetzt.

- Du hast vereinigende Kräfte zusammen mit trennenden Kräften erdacht. So ziehen sich manche Atome an und werden ein Molekül, aber sie grenzen sich gleichzeitig auch ab, so dass sie beide weiterhin fortbestehen und nicht eines das andere auslöscht.

- Im Magneten gibt es zugleich die Anziehung unterschiedlicher Pole als auch die Abstoßung gleicher Pole.

- Es gibt Bestehen und Vergänglichkeit: alles, was wir erkennen oder messen können, besteht für eine Weile – sei diese Weile kurz oder lang. Aber alles vergeht auch, bis hin zu ganzen Sonnensystemen und Galaxien und wahrscheinlich auch unser Universum.

- Du hast noch viel mehr Gegensätzlichkeiten geschaffen, die alles in einem geordneten Zusammensein halten. Dies waren nur einige Beispiele. Das Gleiche gilt für das Leben mit Hunger und Sättigung, Aktivität und Schlaf usw., und für unsere Aufgaben, die einen begrenzten Bereich umfassen, ebenso unsere Gedanken, Pläne, Vorhaben. Die Liste könnte unendlich fortgeführt werden. Jede Erscheinung hat ihre Ausdehnung und ihre Begrenzung, ihre Beweglichkeit und ihre Festigkeit, ihre Dauer und ihre Vergänglichkeit.

Nur Du bist auf ewig und allgegenwärtig, und bei Dir dürfen wir, wenn wir im Tod vergangen sind, neu erwachen in der unbegrenzten Ewigkeit und Weite und doch geborgen bei Dir.

Was wäre aber unsere diesseitige Welt ohne Begrenzung?

Ein Gegenstand, ein Sein, das sich unbegrenzt ausdehnen würde, es würde alles überwuchern und verschlingen.
Eine Kraft, die unendlich stark wirken könnte, ohne dass sie von einer Gegenkraft begrenzt würde, eine solche Kraft würde alles in ihren Bann ziehen und schließlich die Vielfalt vernichten.
Was nicht irgendwann der Vergänglichkeit nachgibt, verweigert Neuem an dieser Stelle den Raum, würde den eigenen

„Platz" für ewig besetzen.

So entsteht die Vielfalt der Erscheinungen durch sich begrenzende Gegensätze, die einerseits für Ruhe und Festigkeit, andererseits für Bewegung und Wandel sorgen. Wie wunderbar, mein Gott, hast Du alles gefügt.

Hat nicht Hegel diese Gegensätze auch schon wahrgenommen und in seiner Dialektik mit These, Antithese und Synthese beschrieben?
Doch er sieht darin eine Bewegung zum Guten, die auch der Mensch im Sinne des „Weltgeistes" mit Hilfe seiner Vernunft vollzieht.

Ich dagegen erkenne nur spielerisch-freudige, immer wieder neu entstehende lebendige Vielfalt. Ob das dabei Entstehende besser ist als das Vorherige? Bejahst Du, oh Herr, nicht alle Erscheinungen gleichermaßen? Und doch werden sie irgendwann wieder vernichtet, alles auf Erden wird dem Gesetz der Vergänglichkeit unterworfen. Ist nicht alleine bei Dir, in dem Dasein jenseits aller irdischen Getrenntheit und Vergänglichkeit, die Glückseligkeit zu finden, die wir derzeit nur ahnen?

Wenn wir Menschen könnten, wie wir wollten, was würden wir als „gut" erstreben?

Ich vermute, erst einmal würde viel Gutes für einen selbst und dann für die nähere Umgebung angestrebt, danach erst für alle, dies allerdings unter dem Motto: unsere Weltanschauung ist die beste, wir müssen sie verteidigen. Aber irgendwann würden sich wahrscheinlich sogenannte „vernünftige" Anschauungen als alternativlos weltweit durchsetzen, sie würden allgemein als das „Gute" bewertet und sich somit global durchsetzen.

Aber wie, oh Herr, darf ich erwarten, würden die meisten Menschen „Gutes" verstehen, worin es sehen?

Ich befürchte, wichtig wären vor allem Leid-Freiheit und das

Ende von Krankheit, Altern und Sterben.

Ich versuche hier einmal, mir hier eine solche Welt vorzustellen:

Die Menschen würden immer älter: nicht nur 100, sondern 200, 300, 500, 1.000 und mehr Jahre.
Ein Platz für einen neuen Menschen würde höchstens durch einen nicht mehr heilbaren, tödlichen Unfall frei. Nur in diesem Falle dürfte ein Kind gezeugt werden.
Die alte Hoffnung, dass die Menschheit andere Planeten im All in größerem Maßstab besiedeln würde, hat sich als trügerisch erwiesen. Zwar gelang es, Raumstationen auf einigen halbwegs bewohnbaren Planeten aufzubauen, aber das Leben dort ist eingeschränkt und kompliziert, die Natur ist ganz anders, so auch die Atmosphäre, die Schwerkraft, der Tag-Nacht-Zyklus und vieles mehr. Die Sehnsucht nach der vertrauten Erde wächst bei den exoterrestrischen Bewohnern, Depressionen werden häufig. Und von denjenigen, die noch ihren Platz auf der Erde haben, wollen keine mehr diesen angenehmen Ort verlassen. Es gäbe zwar durchaus schöne und ansprechende Planeten – aber diese sind längst von fremden intelligenten „Aliens" bewohnt.
So gibt es auf der Erde nur noch wenige Kinder. Menschen, die ein Kind erblicken, reagieren meist ziemlich verstört, sie sehen einen viel zu kleinen, oft noch hilflosen Menschen, oder einen etwas größeren, der aber albern verspielt und etwas dumm und schrecklich unerfahren wirkt. Doch gleichzeitig weckt das Hören eines Kinderlachens urzeitlich verborgene Erinnerungen, und eine unverständliche Sehnsucht ergreift den Menschen. Manche haben deswegen dem Drang nicht widerstehen können, das Kind, das sie erblickten zu entführen, andere wurden nach der Begegnung depressiv, fühlten sich irgendwie gefangen und leer. Deshalb ging man dazu über, Kinder vor anderen Menschen zu isolieren und von Robotern aufziehen zu lassen. Den Eltern wurde die Erinnerung an ihr Kind in einer schwierigen Operation mit anschließender Hypnose ausgelöscht.
Doch abgesehen von Kindern hatten die Menschen auf der Erde scheinbar alles so, wie sie es sich nur wünschen konnten.

Es gab keine unheilbaren Krankheiten mehr, die Güter wurden gerecht und gleichmäßig verteilt und reichten für alle. Gefahren wurden durch die lange Erfahrung der uralten aber jugendlich aussehenden Menschen oder durch Computerprogramme schnell erkannt und ausgemerzt.

Streit und Kriege gehörten der Vergangenheit an. Durch sinnvolle Informationspolitik, durch Psychologie und Kommunikations-Training wissen alle, wie sie sich im Konfliktfall vernünftig verhalten können. Und in dennoch auftauchenden Streitfragen wird ein Computer mit allen Details gefüttert, und er beschließt dann, wie für alle gerecht vorgegangen werden soll. Alle Menschen haben gelernt, dass es sinnvoll ist, diesen Weisungen zu folgen, dass es keine vernünftige Alternative dazu gibt. Alle fügen sich willig den Lösungen der Vernunft.

Nur ganz selten erkranken besonders alte Menschen, nicht aus Altersgründen, sondern weil sie sich erinnern, dass es eine viel lebendigere Zeit gab, eine Zeit mit Leid und Vergänglichkeit, aber auch mit viel tiefer empfundener Freude und mit Kinderlachen. Diese Menschen werden jedoch auch geheilt, indem ihnen diese Erinnerungen wegoperiert werden. Dann sind auch diese Alten kein Problem mehr und gliedern sich willig ein.

Oh Herr, ich bin so froh, dass Du uns nicht eine solche „gute" Welt dieser Art beschert hast.

Wie weise hast Du alles mit zwar vergänglicher, aber auch mit echter Lebendigkeit erfüllt.

Ich danke Dir aus vollem Herzen.

Amen.

„Gut" und „Böse" als Getrenntheit

Die Genesis, der Schöpfungsbericht der Bibel, oh Herr, ist ein wunderbares Symbol für tiefste Zusammenhänge in unserer Welt.

Verständnislos und blind für den Symbolgehalt reagieren heutzutage viele, wenn sie die Erzählung von Adam und Eva lesen, die im Paradies den verbotenen Apfel gekostet haben, um die Erkenntnis von „Gut" und "Böse" zu erlangen und nach Auskunft der verführenden Schlange, damit Gott gleich zu werden *(Genesis 3,1-24)*. Der Preis dafür war: die Menschen wurden aus dem leid-freien Paradies vertrieben und wurden dabei sterblich, sie müssen fortan durch Mühsal und Arbeit ihr Auskommen finden (übrigens: als der Mensch noch nicht die Erkenntnis besaß, wie er Werkzeuge herstellen konnte, kannte er auch keine Arbeit), und tödlicher Streit, wie bei Kain und Abel *(Genesis 4,1-16)*, wird von nun an die Menschheit begleiten.

Aber was ist das Gefährliche, das Leid-schaffende an der Erkenntnis von „Gut" und „Böse"?

Wesentlichen Anteil am Leiden hat, so scheint es mir, oh Herr, dass wir die Welt und ihren Lauf einteilen in „Gutes" und „Böses". Damit ist eine ganz grundsätzliche wertende Getrenntheit in die Welt gekommen, die in unserer diesseitigen Zeit nicht mehr geheilt werden kann.
Doch Du, mein Gott, hast uns verheißen: beim Durchschreiten der Todespforten werde die Getrenntheit und mit ihr die Vergänglichkeit im Ewigen Leben aufgehoben, und alles Leiden würde damit erlöst und in Glückseligkeit verwandelt. Welch eine ausstrahlende Hoffnung!

„Böses" verbindet man normalerweise mit Zerstörung, also mit der Möglichkeit, die die Vergänglichkeit bietet.
Eine begrenzte Welt kann sich aber ohne Vergänglichkeit nicht neu entfalten, sie erstarrt.
Ohne Vergänglichkeit könnte es auch keine Zerstörung geben, aber auch keine Erkenntnis von „Gut" und „Böse". Dass wir uns eine lebendige, nicht erstarrte Welt auch bei genauer Überlegung ohne Vergänglichkeit schwer vorstellen können, das jedoch bedeutet nicht, dass es eine solche Welt nicht geben könnte. Sie übersteigt aber unseren Vorstellungshorizont – aber keineswegs den Deinen, oh Schöpfer unserer Welt. So dürfen wir hoffen, in Deinem Reich eine Welt der lebendigen Vielfalt und der Unvergänglichkeit zugleich erleben zu dürfen.

Unsere Unterscheidung von „Gut" und „Böse" könnte man vielleicht im einfachsten Sinne auch im Gegensatz von „Geht" und „Geht nicht" erkennen. Auf dieser gegenseitigen Erfahrung fußt unsere Herstellung von Werkzeugen seit der Steinzeit, und inzwischen auch die wissenschaftliche Erkenntnis mit der damit einhergehenden technischen Macht.

Aber über das technische Erfahren und Verstehen gestellt stehen „Gut" und „Böse" für Wertungen, mit denen wir Handeln und Menschen bejahen oder verurteilen, mit denen wir trennen in wünschenswert, annehmbar und verabscheuenswert, abzulehnen.

In Jesus Christus, Deinem menschlichen Sohn, oh Herr und Gott, hast Du uns aufgezeigt, dass wir im Urteilen und Verurteilen oft gefangen sind. Du rufst uns durch Jesus Christus auf, Menschen nicht zu verurteilen, damit auch wir nicht von Dir verurteilt werden *(Evangelium nach Lukas 6,37 und Matthäus 7,1-5)*. In vielen Gleichnissen und Ereignissen erzählen die Evangelien davon, dass es Deinem Geist nicht entspricht, wenn wir verurteilen. Denn bei Dir ist keine Getrenntheit.

Das „Gute" jedoch ist nur wirklich erkennbar, wenn es auch das „Böse" gibt. Das „Gute" kann in einer getrennten Welt nicht alleine herrschen, es wäre dann nicht mehr als solches wahrnehmbar.

Wir haben uns mit unseren Erkenntnissen – wir haben ja symbolisch gesprochen vom „Baum der Erkenntnis" genascht – und mit unseren Entwicklungen, mit unseren hoch strukturierten Gesellschaften und Lebensformen, eine Welt gestaltet, in der wir in vielen Momenten und Situationen Tag für Tag beurteilen müssen, ob wir etwas für gut und anstrebenswert, oder für schlecht und zu vermeiden befinden.
Wir können uns von diesem andauernden Trennen und werten nicht lösen, ohne handlungsunfähig oder für die Gesellschaft untragbar zu werden. Aber wir können es versuchen, statt zu

ver-urteilen nur zu be-urteilen, und damit dem anderen oder ganzen Menschengruppen die Würde zu belassen, und sie weiterhin, oh Herr, als in Deiner Gnade stehend zu betrachten.

Was für eine wunderbare Hoffnung hast Du, oh Herr, uns Menschen geschenkt, im Versprechen des Lebens ohne Getrenntheit und ohne der damit verbundenen Vergänglichkeit in Deinem Reich, das wir schauen dürfen, wenn wir durch den Tod gegangen sind. In tiefer Dankbarkeit verehre ich Dich, mein Schöpfer und mein Gott. Amen.

Gefühle, Glaube, Hoffnung, Liebe und Künstliche Intelligenz

Lange Zeit, mein Gott, wurde das Denken als das „Wunder menschlichen Seins" betrachtet.
Aber heute zeigen uns Rechenmaschinen, dass „nacktes Denken" reine Datenverarbeitung von gemessenen Größen ist und letzten Endes nur auf Zahlen beruht, die sachlich und emotionslos sind.
Computer können offenbar in etlichen Bereichen viel mehr und viel schneller und viel korrekter Daten verarbeiten als ein menschliches Gehirn. Werden Computer die „besseren Menschen" werden, wie manche hoffen?

Aber wir Menschen bestehen nicht nur aus einem denkenden Gehirn - dank sei Dir dafür mein Gott - sondern auch aus Gefühlen, persönlicher Wahrnehmung und dem Erleben. Alles zusammen macht unseren wirklich wunderbaren Geist aus.

Es gibt Computer-Entwickler, die glauben, Rechenmaschinen mit Künstlicher Intelligenz, mit KI, werden eines Tages auch Gefühle entwickeln.

Doch das ist sehr unwahrscheinlich. Gefühle, so glaube ich, mein Gott, sind keine punktgenauen Größen, die man exakt mit Zahlen benennen kann. Gefühle und das Erleben dehnen sich über den Jetzt-Zeitpunkt, an den unser Körper gebunden ist, in Vergangenheit und Zukunft hinein aus. Erinnerungen an frühere Zeiträume „wecken" Gefühle, dies tun ebenso Vorstellungen von der Zukunft.

Natürlich: auch Rechner können Vergangenes berechnen und zukünftige Ereignisse und Zustände ausrechnen. Doch die Ergebnisse bestehen aus Zahlen, auch wenn sie oft optisch anders dargestellt werden. Und Zahlen sind neutral, sie dehnen sich nicht in Zeiträume hinein aus – sie beschreiben höchstens die Größe, mit Größen-Anfangs und -Endpunkt, die Dauer eines Zeitraums wird durch eine Ziffer ausgedrückt, das ist aber niemals – so denke ich mein Gott – ein echter, wirklicher, ausgedehnter Zeitraum mit erlebtem Inhalt.

Der Mensch jedoch hat in seinem Geist, trotz seiner körperlichen Gebundenheit an einen einzigen „Jetzt-Zeitpunkt", eine wirkliche Vorstellung von Zeiträumen, sie sind seinem Geist nicht nur abstrakte Zahlen, er stellt sich das Erleben nicht punktuell abgehackt vor, sondern in Zeiträumen ausgedehnt.

So kommt es, dass die Erlebnisfähigkeit des Menschen mehr ist als reine Rechnerei. Dank Deiner Gaben oh Herr, verbindet der menschliche Geist sachliches Denken mit gefühltem Erleben und daraus entstehen Wünsche, Hoffnungen, Freude und Leid und auch die drei Grundsäulen des christlichen Glauben: Glaube, Hoffnung und Liebe.

Wer könnte sich eine hoffende Rechenmaschine vorstellen? Ein Computer, auch mit Künstlicher Intelligenz, wird immer nur Wahrscheinlichkeiten abschätzen und danach entscheiden, er wird keine nicht klar bezifferbaren Hoffnungen kennen.

Ist da der Computer nicht viel „vernünftiger" als das oft irrende Hoffen des Menschenwesens, das auch Illusionen auf den Leim geht?

Vernünftiger ist es bei technischen Planungen nicht nur zu hoffen. Aber für Menschen, die einen Sinn im Leben sehen wollen, Menschen, denen Du oh Herr, die Sehnsucht nach Sinn und Liebe eingepflanzt hast, Menschen, denen Gefühle wichtig sind, für diese Menschen können Hoffnungen manchmal das Einzige sein, was sie trägt.

Wenn in früherer Zeit eine arme Dienstmagd einen Groschenroman las, oder ein Märchen hörte, in dem ein armes Mädchen einen Prinzen heiratet, und daraufhin in ihr eine vage, völlig unbegründete Hoffnung aufkeimte, vielleicht, vielleicht könnte sie dieses Glück auch treffen, und sie malt es sich vorstellend aus – dann könnte diese Hoffnung vielleicht das einzige sein, was diese Magd hält, was ihr das Leben erträglich macht. Opium für das Volk, wie es in kommunistischen Kreisen hieß? Nein, Überlebensmöglichkeit für diejenigen, die keine Wahl haben. Dass die Magd dann im Alter feststellt, dass sie doch keinen Prinzen oder reichen Mann abbekommen hat, ist dann nicht mehr so wichtig – sie hat es bis ins hohe Alter geschafft, das Leben zu ertragen. Und im Alter schenkt ihr der Glaube die Hoffnung auf das Ewige Leben, einen Ort, nahe bei Dir, oh Gott, und bei all den Menschen, die sie in ihrem Leben geliebt hat. Und diese Hoffnung findet sie nicht in einem Groschenroman, sondern sie ist im Jahrtausende alten Glauben unzähliger Menschen begründet, die Deine Nähe im Glauben erlebt haben.

Eine Rechenmaschine braucht keine Hoffnung, sie sucht auch nicht einen Lebenssinn, noch leidet sie. Sie rechnet einfach aus, was ist, „wenn...", und das nach Daten in Zahlengrößen. Dass Roboter nach außen Gefühle simulieren können, wie z.B. Lächeln, bedeutet nicht, dass sie fühlen. Und wenn sie lernen, dass bei Menschen bestimmte Gesichtsausdrücke bestimmte Gefühle bedeuten, dann heißt das nur, dass der Roboter zahlenmäßig durch Aufzeichnung festgestellt hat, dass eine Mimik ein bestimmtes Verhalten oder eine bestimmte Erwartung anzeigt.

Herr, mein Gott, ich halte es für höchst unwahrscheinlich, dass je eine Rechenmaschine spontan plötzlich echte Gefühle entwickeln könnte.

Dem fühlenden Erleben, so meine Ansicht, wohnt etwas von Deinem Geist, oh Herr, von Deiner lebendigen Beziehung zu uns Menschen inne. Du hast uns diesen erlebnisfähigen und lebendigen Geist eingehaucht.

Und so ist unsere Hoffnung auf Deine Liebe und auf ein Leben nach dem Tode keine zu überwindende Illusion, sondern Anker in meinem Leben.

Nicht anders ist es mit dem Glauben. Wie könnte ein Computer an etwas glauben, für das er keine Daten empfangen kann? Wir Menschen haben zwar auch die Bibel, um von Gott zu erfahren. Aber ich denke, es sähe von Anfang an sehr schlecht aus, oh Gott, um den Glauben an Dich, wenn Du selbst nicht die Herzen der Menschen berühren würdest, die bereit sind, an Dich zu glauben. Diese Menschen erfahren Deine Nähe, wie sie auf reiner Datenbasis nie erfahren werden kann.

Christlicher Glaube und Hoffnung gehören zusammen, denn weil ich glaube, oh Herr und mein Gott, hoffe ich auf das Leben bei Dir, wenn ich einstmals nicht mehr in dieser von Vergänglichkeit geprägten Welt lebe. Dieser Glaube und die Hoffnung sind ein Licht in meinem Leben, das sogar heller werden kann, wenn ansonsten alles immer düsterer wird. Dies wird kein Roboter jemals empfinden können. Doch Du hast mir mit meinem Leben den Keim des Göttlichen eingepflanzt. So kenne ich einen Glauben, ein Hoffen und ein Sehnen nach Dir.

Und die Liebe? Wie sollte ein Roboter wahrlich lieben, und nicht nur Zuneigung vortäuschen und simulieren? Die Liebe ist das Erstaunlichste in unserem Leben. Sie fließt von Dir zu uns, und wir können sie weiter fließen lassen. Vielen ist die Quelle der Liebe nicht bewusst – und dennoch lieben sie, sie können oft gar nicht anders. Und ohne Liebe würden wir die Welt als kalt und leer empfinden. Ich danke Dir, mein Herr und mein Gott, dass Du die Liebe, dieses geheimnisvollste aller Gefühle, immer wieder neu in unsere Welt strömen lässt. Die Liebe ist das Wichtigste, nur mit ihr macht unser Dasein Sinn. Amen.

Evolution und Schöpfung: Natur darf lernen

Die Entdeckung der Evolutions-Gesetze hat für nicht wenige Menschen dem Schöpfungsglauben viel von seiner Glaubwürdigkeit genommen.

Doch eigentlich wird Deine Schöpfung durch die Evolution nur noch staunenswerter, oh Herr.

Du hast zwar Steine, Pflanzen, Tiere und Menschen nicht mit Deinen eigenen Händen erschaffen, wie man es sich früher bildlich vorzustellen gewohnt war, aber:

Du hast es verstanden, die Natur-Gesetze und Bedingungen so zu gestalten, dass all die Vielfalt des Lebens auf Erden werden konnte.

Und Du hast den Formen des Lebens die Offenheit geschenkt zu lernen, sich zu entwickeln, auszuprobieren, sich zu verbessern oder zu vergehen, sich zu wandeln und immer wieder neue Formen hervorzubringen, und in Daseinsfreude und Lebenslust das Leben zu erleben.

Die Schönheit und Vielfalt des Lebens sprechen dafür, dass Du, oh Herr und Gott, sehr genau gewusst hast, was in Deiner aus dem Nichts geschaffenen Welt entstehen würde und noch entstehen wird.

Das Wunder der Schöpfung wird durch die Evolution noch staunenswerter. Wie eine gütige Mutter, hast Du den Kindern Deiner Schöpfung Freiheit zur Entfaltung geschenkt, in dem Vertrauen, dass sie in Schönheit und Vielfalt wachsen und sich mehren werden, dass sie Deinen Geist in das Leben einfließen lassen werden und in Freiheit Deinen Geist zum Ausdruck bringen.

Werden auch wir Menschen uns diesem Vertrauen überhaupt als würdig erweisen?

Doch ich glaube, Du kennst längst die Laufbahn jedes einzelnen von uns Menschen und auch die Laufbahn der gesamten Menschheit.

Welches Schicksal auch immer Du uns als verstandesbegabte Art zugedacht hast, ich vertraue, dass es der beste Weg ist, den wir gehen können. Sollte dieser Weg, den Du uns zugedacht hast, und den wir gehen werden, wie Du es voraus gesehen hast, sollte dieser Weg dereinst im Untergang enden, sollte unsere Menschheit vergänglich sein, so hast Du doch jedem einzelnen von uns und uns allen, eine neue Heimat in Deinem Reich bereitet und den Weg dorthin eröffnet und erkennbar gemacht für uns durch Jesus Christus. Und das ist mehr, als wir jemals auf Erden hätten erwarten dürfen. Amen.

Es werde Licht: Aus dem Schöpfungsbericht

Der Schöpfungsbericht erzählt die Schöpfung im Geiste des Verständnisses von vor weit über 2.000 Jahren. Doch ist er gar nicht so fremd unseren heutigen Vorstellungen von der Reihenfolge der Entstehung der Elemente und des Lebens. Natürlich stimmt nicht alles mit den Forschungen exakt überein, und dauerte zudem noch viel viel länger, doch die Grund-Richtung ist auch heute noch passend.

Die Worte der Genesis hat ein Mensch niedergeschrieben, aber mir scheint für diese Klarheit wurde er (oder auch mögliche Vorläufer) von Dir, oh Gott, inspiriert, hat er näherungsweise niedergeschrieben, was Du ihm auf geheimnisvolle Weise eingegeben hast.

Wie gewaltig und stark und mächtig erscheinst Du, mein Gott, im Schöpfungsbericht der Genesis.
Und doch gehst Du ganz sanft mit der Schöpfung um. Nach der zuvor genannten Erschaffung von Himmel und Erde heißt es:

Die Erde war wüst und wirr
(in anderen Übersetzungen „wüst und leer")

und Finsternis lag über der Urflut
und Gottes Geist schwebte über dem Wasser. "
(Genesis 1,2 nach der Einheitsübersetzung von 2016)

Kein gewalttätiger Gott erscheint hier, sondern ein sanfter, über seinem Werk leise schwebender Geist Gottes.

„Gott sprach: Es werde Licht. Und es wurde Licht. Gott sah, dass das Licht gut war. Und Gott schied das Licht von der Finsternis. Und Gott nannte das Licht Tag und die Finsternis Nacht. Es wurde Abend und es wurde Morgen: erster Tag. "
(Genesis 1,3-5)

Auch hier bist Du kein Gott, der mit Getöse und Machtgehabe auftritt, sondern liebevoll spricht Du Worte, die das Licht ins Sein holen.
Und Du nimmst Dir die Zeit und betrachtest das Geschaffene mit Wohlgefallen. *„Gott sah, dass das Licht gut war. "* Schon in diesen ersten Worten kann man Deine Liebe zur Schöpfung spüren.
„Und Gott schied das Licht von der Finsternis. " Auch hier kein gewaltsames Auseinanderreißen, sondern ein sorgsames von-einander Scheiden.
„Und Gott nannte das Licht Tag und die Finsternis nannte er Nacht. " Dieses Benennen lässt auch wiederum Deine Fürsorge und Liebe zum von Dir Geschaffenen erahnen.
„Es wurde Abend und es wurde Morgen: erster Tag. " Diese Beschreibung führt die Zeit ein und atmet zugleich Deine Ruhe und Beschaulichkeit, die Schöpfung steht nicht unter Zeitdruck, Du nimmst Dir Zeit, alles gut einzurichten. Tag für Tag gestaltest Du die Welt reicher und lebendiger.

„Am siebten Tag vollendete Gott das Werk, das er gemacht hatte, und er ruhte am siebten Tag, nachdem er sein ganzes Werk gemacht hatte. Und Gott segnete den siebten Tag und heiligte ihn; denn an ihm ruhte Gott, nachdem er das ganze Werk erschaffen hatte. " *(Genesis 2,2-3)*

Welche Ruhe, Gelassenheit und Zufriedenheit strahlt dieser

siebte Tag, der Tag Deiner Ruhe aus. Vielleicht sollten auch wir wieder öfter ruhen und entspannt und mit geweitetem Herzen auf das Dasein und auf die Welt um uns herum blicken.

Du bist mein Gott und Schöpfer: gestern und heute und morgen. Amen.

Schönheit

Schönheit hat eine große Wirkung auf uns.

Dort, wo wir die Erde und die Natur so belassen, wie sie von selbst sich entwickelt, dort zeigt sich die Schönheit Deiner wundervollen Schöpfung am deutlichsten, oh mein Herr und Gott.

Schönheit weckt eine Sehnsucht in uns, die nicht mit Worten auszudrücken ist.
Schönheit rührt in uns das Verstehen an, dass alles wohl gestaltet ist. Es mag sehr verschlungene Zusammenhänge geben, die wir gar nicht alle erkennen, aber die Schönheit ist auch ohne Kenntnis aller Einzelheiten spürbar.
Und im Kleinen betrachtet mag vieles unerfreulich sein, oder sogar sehr grausam und unschön – aber auch wiederum oft freudvoll und beglückend.
Im Blick auf das Ganze, auf Licht und Schatten gemeinsam, auf Werden und Vergehen, auf die große Vergangenheit, die Gegenwart und die Zukunft, auf Hoffen und Lieben, auf Veränderung und Beständigkeit, auf Kleines und Kleinstes aufgehoben im großen Zusammenhang – in diesem geweiteten und entspannten Blick wird die Schönheit des Daseins offenbar, wird das Wunderwerk Deiner Schöpfung für unser Herz begreifbar.

Schönheit ist eine Kraft, die man mit Ausgewogenheit, die aber doch nicht langweilig ist, beschreiben könnte, z.B. bei einem Gemälde, dem Körper eines Menschen, einem Musikstück oder in der Natur. Und doch ist diese Beschreibung unzulänglich.

Dein Geist scheint mir in allem, was wir als schön empfinden, auf leise Weise gegenwärtig zu sein.

Ist es ein Zufall, dass mit zunehmender Abwendung von Dir, die Menschen oft immer mehr das Hässliche, das Zerrissene, das Un-heile darstellen möchten? Ist es ein stummer Hilferuf?

Schönheit ist geheimnisvoll und lebt von der Beziehung zu Dir, zum Göttlichen, auch dort, wo diese Beziehung im Verborgenen liegt und wirkt. Amen.

Wunder – Wirkt Gott überhaupt noch in unserer Welt?

Wunder – sie bezeichnen Ereignisse, die den täglichen Erfahrungen des Menschen widersprechen, und inzwischen auch den wissenschaftlichen Erkenntnissen. Sie werden im Christentum als Zeichen Deines Wirkens, oh Gott, verstanden.

Es gibt heutzutage keine Wunder, die hundertprozentig nachweisbar sind. Der Vatikan bestätigt zwar in seltenen Fällen Wunder, aber viele Menschen in unserem Land vertrauen diesen vatikanischen Urteilen nicht mehr, sie halten Wunder für unmöglich.

Doch stimmt das? Wunder „wasserdicht" zu beweisen wäre äußerst schwierig, da sie normalerweise nicht unter Forschungsbedingungen ablaufen, und weil sie nicht planbar sind und nicht experimentell wiederholt werden können. Leicht kann der Vorwurf entstehen, dass es sich um Lüge, einen Trick, Manipulation, Illusion, psychologische Prozesse, Täuschung, noch unbekannte Naturgesetze, usw. handelt. Wer nicht an Wunder glauben mag, dessen Meinung ist nur schwer zu widerlegen.

Dass Du, oh Gott, keine ganz eindeutig nachweisbaren Wunder wirkst, das bedeutet nicht, dass es Wunder überhaupt nicht gibt.

Vielleicht hast Du, oh Herr, wohl Deine Gründe, Wunder mehr im Verborgenen zu wirken. Wobei Du in Deinem Sohn, Jesus Christus, nach der Überlieferung sehr wohl deutlich sichtbare Wunder gewirkt hast, doch einer so alten Überlieferung glauben so manche Menschen verständlicherweise nicht mehr.

Doch möglicherweise hast Du beschlossen, Wunder nicht oder nicht mehr in eindeutiger Weise geschehen zu lassen, damit wir Menschen uns frei entscheiden können, ob wir an Dich glauben, und ob wir Deine Liebe suchen, oder nicht. Du bist nicht wie ein Vater, der seinem Kind mit dem „Holzhammer" eine Lehre erteilt, Du schenkst den Menschen die Freiheit, selbst ihren Weg zu suchen, aber Du gibst auch jedem die Möglichkeit, sich Dir glaubend oder auch nur suchend zuzuwenden, um dann Deine Nähe spüren zu können, jeder auf seine ganz persönliche Weise.

Doch ich frage mich, wenn Du oh Gott, die Welt erschaffen hast, wenn ich das glaube, wie soll ich dann daran zweifeln, dass Du Wunder wirken kannst? Die Frage ist dann für mich nicht mehr, ob Du, oh Gott, es kannst, sondern nur ob Du es willst.

Du, oh Herr, hast nach unserem christlichen Glauben die Welt erschaffen, und damit die Naturgesetze erdacht und ihre Wirkung eingesetzt. Es wäre erstaunlich, wenn Du nicht weiterhin der Herr über diese Gesetze wärest.

Doch es wäre denkbar, dass Du bereits von Beginn an die Naturgesetze so geschaffen hast, dass sich alles in der Welt so entfaltet, wie Du es gewollt hast.

Ich würde das vergleichen mit dem Bau einer Uhr. Irgendjemand hat die Konstruktion einer Uhr erfunden, spätere Ingenieure haben dann die genaue Quartzuhr entwickelt. Jetzt werden zu Millionen Quartzuhren produziert, genau den Vorstellungen des Ingenieur-Planes entsprechend. Und sie laufen perfekt, erfüllen ihren Aufgabe punktgenau, der Ingenieur muss sich nicht mehr selbst darum kümmern.

Übertragen auf Dich, oh Gott, und Deine Schöpfung, hieße das, dass die Welt sich genau nach Deinem Willen entwickelt, auch ohne dass Du noch einmal eingreifen müsstest. Und da Du am Anfang der Welt auch die Zeit erschaffen hast, so überblickst Du wohl, mein Gott, auch den gesamte Zeitraum des Daseins: Vergangenheit, meine Gegenwart und die gesamte Zukunft. Und so ist es für Dich möglich, zu sehen, welchen Lauf jede Entwicklung in unserer Welt nimmt, auch bevor wir die Zukunft als Gegenwart erleben.

Aber mir scheint, Du hast die Welt so geschaffen, dass Du auch unsichtbar noch vielfach eingreifen kannst. So hat die Chaostheorie aufgezeigt, dass keineswegs alle Ereignisse in unserem Universum und auf unserer Erde vorher berechnet werden können. Und rechnerisch chaotische, unberechenbare Verhältnisse gibt es allgegenwärtig, im Großen und im Kleinen. Da würden sich viele Möglichkeiten zum Eingreifen in das Geschehen eröffnen, auch ohne dass ein Aufsehen erregendes Wunder nötig wäre.
Außerdem spielt ja noch unser Geist im Lauf der Welt eine Rolle. Zwar erkennen Psychologen und auch Computer mit Künstlicher Intelligenz und komplizierten Algorithmen, dass wir Menschen oft vorhersagbar nach bestimmten Mustern handeln, aber das bedeutet nicht, dass jedes Handeln von uns vorhersagbar wäre. Ich glaube, dass Du, mein Gott, wenn wir uns dafür öffnen, eine Verbindung mit unserem Geist, mit unserer Wahrnehmung, mit unserem Lieben schaffen kannst, und dass Du dann auch mein Handeln beeinflussen kannst, so wie ein guter Freund. Ich bin dabei frei, ob ich Deinen mir nahegelegten Wegen folge, oder ob ich mich doch anders entscheide, zumal ich nicht immer genau erkenne, ob es Dein Geist ist, der mir etwas zeigt, oder ich mir selbst etwas einrede. Doch auf jeden Fall hast Du, mein Gott, die Möglichkeit, mit meinem Geist in Verbindung zu treten und mich zu bewegen und geistig zu berühren.

Doch ich kann mir durchaus auch vorstellen, dass Du Wunder wirkst, die den Naturgesetzen widersprechen, da die Naturgesetze ja auch Dein Werk sind. Und es würde mich nicht erstaunen, wenn diese Wunder – anders als zu Jesu Zeiten – heutzutage von vielen so klein geredet würden, dass sie bald vergessen wären.

Wie dem auch sei, ich glaube daran, dass Du, mein Herr und mein Gott, die Geschehnisse der Welt mit lenkst, im Großen und auch im Kleinsten und in meinem Leben und in meinem Umfeld. Auf welche Weise dies geschieht, das brauche ich nicht zu wissen. Aber ich bin dankbar und froh, unser Dasein bei Dir, mein Gott, in so guten Händen zu wissen.

Immer wieder staune ich, dass doch im Großen und Ganzen vieles klappt, es nicht ständig zu Katastrophen kommt. Die Natur ist so wunderbar komplex und doch funktioniert sie meist sehr gut. Unsere Pläne, unsere Gesellschaft, sie sind inzwischen auch hochkompliziert. Und für fast jede Bewegung, jeden Weg, jedes Vorhaben gibt es unzählige Stellen, an denen etwas schief gehen kann. Die Möglichkeiten, dass etwas verkehrt läuft, sind naturgemäß sehr viel vielfältiger, als die eine oder die wenigen Möglichkeiten, bei der oder bei denen etwas gut läuft.
Dass trotzdem sich so vieles entfalten kann, verwirklicht werden kann, im Guten erlebt werden kann, darin, oh Herr, darin meine ich, Deine schützende Hand zu erkennen.
Doch ist es mir auch bewusst, dass Deine Geduld nicht alles hinnimmt, und ich fürchte auch Deinen Zorn, denn mächtig bist Du über alle Maßen.
Daher hoffe und bete ich, dass wir mit unserem ungebremsten Fortschrittswahn, mit dem wir die Schöpfung auf unserer Erde in so vieler Hinsicht stören und zerstören, dass wir auf diese Weise nicht Deinen durchaus berechtigten Zorn wecken, sondern dass Du, oh Herr und Gott, uns in Deiner Barmherzigkeit hilfst, einen guten und sanfteren Weg in die Zukunft zu finden.

Außer mir gibt es unzählige Menschen, und das über die Jahrtausende hinweg, die von Deiner Führung, oh Gott, von Deiner Anteilnahme und von Deiner gefühlten Gegenwart erzählen können. Vielfach sind so die Erfahrungen, dass, nach Gebeten zu Dir, im Leben eine wichtige Änderung geschieht, oder dass sich die Wahrnehmung des Betenden in einem guten Sinne verändert. Beweisen, dass Du, oh Gott, dies bewirkt hast, kann man nicht – aber viele Menschen können aus tiefstem Herzen daran glauben. Für uns Betende und Glaubende bist Du, mein Gott, in unserem Leben gegenwärtig. Amen.

Jesus Christus – Wahrer Mensch und wahrer Gott oder alter Mythos?

Oh Herr, bereits zur Zeit Christi und auch kurz danach war es für die Menschen nicht leicht zu glauben, dass Jesus Christus wahrer Mensch und wahrer Gott gewesen sein soll. Das war damals so, das ist heute nicht anders, denn dies ist eine Vorstellung, die aus allen üblichen Weltbildern herausfällt. Und wenn schon ein Gott auf Erden käme, dann doch nicht so wehrlos, wie es Jesus war, dachten damals und denken auch heute viele.

Aber heutzutage kommt noch eine bei uns weit verbreitete Wissenschafts-Gläubigkeit hinzu, die keine Wunder anerkennt. Und historische Bibelforschung erklärt in mancher Hinsicht, warum die Bibeltexte so geschrieben wurden, wie sie uns überliefert sind, sie „entzaubert" die Texte bis zu einem gewissen Grad. Manche sehen im Christentum z.B. auch einen verwandelten Isiskult. Hinzu kommt noch, dass es Historiker gibt, die behaupten, es gäbe so gut wie keine weiteren Zeugnisse neben den Evangelien, dass es Jesus Christus überhaupt gegeben hat und halten daher seine Existenz für unglaubwürdig. Andere Historiker widersprechen dem allerdings.

Müssen Gläubige befürchten, dass die „Geschichte" von Deinem Sohn Jesus sich schließlich gänzlich als Märchen herausstellen sollte, das man am besten als historische Vergangenheit bei Seite legt?

Mein Gott, ich glaube nicht, dass Jesus nur ein Mythos ist, oder dass er nur ein einfacher, lieber, für die Leidenden engagierter Mensch war.

Aber selbst, wenn sich herausstellen sollte, dass Jesus nur eine fantasievolle Vorstellung der Menschen seiner Zeit war, oder dass er zwar gelebt hat, aber seine Auferstehung eine Erfindung oder eine Illusion war, die die Jünger zwar glaubten wahrzunehmen, die aber wissenschaftlich gesehen nicht stattfand, zumindest nicht körperlich mit seinem früheren Körper, selbst dann wäre für mich Jesus Christus immer noch der lebendige Sohn Gottes, Dein Sohn, oh Gott, der vor 2.000 Jahren hier auf Erden gewirkt hat.

Wie kann ich diesen scheinbaren Widerspruch erklären?

Im alten Israel lehrten die Urväter, die mit Dir, oh Gott, Kontakt hatten, wie Abraham und andere, und wie die Propheten, dass es den einen Gott, dass es Dich gibt, einen Gott, der die Welt erschaffen hat, und der auf die Menschen schaut und ihr Schicksal lenkt, ihnen aber auch die Freiheit gibt, sich gegen seine Weisungen zu entscheiden.
Doch diese Ur-Zeugen für Dich, mein Gott, haben Dich nur indirekt erlebt, als Stimme, als brennenden Dornbusch, oder Donner und Blitz, als Macht, die ein Meer beherrscht und in vielen anderen Erscheinungen, und auch als Visionen der Propheten. Gott selbst zu erblicken war unmöglich.
Dann kommt Jesus Christus, Dein Sohn, als sehr menschlicher Mensch, geboren von einer wahren menschlichen Mutter, aufgewachsen völlig unauffällig, und nun tritt er mit rund 30 Jahren in Erscheinung, lehrt und wirkt erstaunliche Wunder. Doch dann scheitert er scheinbar elendiglich, verspottet und gekreuzigt. Als er als von den Toten Auferstandener wieder erscheint, vermuten bereits damals die Mächtigen in Israel Betrug. Und wäre es nicht außerdem auch naheliegend, dass die zutiefst enttäuschten Anhänger diese Enttäuschung nicht verkraften und sich selbst etwas vormachen?
Jesus Christus, Dein Sohn, war – und ist – anders als die Propheten. Zwar verkündet und lehrt auch er den Willen seines göttlichen Vaters, aber zugleich ist er selbst lebendiges Wort. Seine Werke sind eins mit seiner Verkündigung. Er heilt, hilft

Verurteilten, scheut sich nicht, Tote wieder ins Leben zu holen, speist die Menschen, vertreibt böse Dämonen, und schließlich willigt er ohne Gegenwehr ein, verurteilt und hingerichtet zu werden, somit wird er wie einer derjenigen, von denen er in den Seligpreisungen spricht. Und nach seinem Tode erscheint er seinen Jüngern und verkündet, dass er durch den Tod wieder in das Leben beim Vater gehen werde, und nachdem er sich mehrmals gezeigt hat, entschwindet er zu Dir, seinem Vater im Himmel.

Selbst, wenn dies ein Mythos wäre, so spräche dieser Mythos eine eindeutige und klare Sprache, die jeder verstehen kann, der es möchte: Gottes Geist ist in der Liebe und darin unvergänglich. Jesus Christus ist das Bild eines Menschen, der Gottes Geist, Deinen Geist, oh Gott, als Mensch unter Menschen vollkommen verwirklicht. Und sollte seine Auferstehung nicht körperlich gewesen sein, sondern nur eine Vision der Jünger, so wäre sie doch in den Herzen der Jünger Wirklichkeit geworden. Auch eine wahrhaftige Vision, die von Dir oh Gott kommt, ist eine Wahrheit: die Auferstehung Jesu als Vision wäre für mich, oh Herr, genauso ein Zeichen wie eine ganz körperliche Begebenheit, ein Zeichen dafür, dass jemand, der ganz aus Gottes Geist der Liebe lebt, niemals wirklich sterben kann, da die Liebe, die aus Gott in uns strömt, und in uns sich ausdrückt, indem wir zu lieben beginnen, dass diese Liebe niemals sterben kann, sondern in Deinem Reich, im Reich Gottes, bei Dir geborgen ist. Und nach unserem Tode wird auch unsere Liebe, die wir gelebt haben, beim Vater im Himmel, bei Dir, oh Gott, lebendig sein. Somit hat die Liebe den Tod überwunden.

Jesus Christus hat dies nicht nur als Lehre verkündet, sondern Dein Sohn, oh Gott, hat es gelebt und hat mit seiner von den Jüngern erlebten Auferstehung aufgezeigt, dass er als reine Liebe sowohl göttlich als auch menschlich ist. Und wir erkennen, dass er mit seiner Liebe unsterblich das ewige Leben hat, und dass ihm das scheinbare Scheitern am Kreuz, das Dein Sohn für uns, aus Liebe zu uns Menschen, auf sich genommen hat, dass dieses Scheitern ihn nur noch mehr zum Liebenden macht, und

Dir, seinem Vater im Himmel ganz nahe bringt, dass er mit Dir eins wird. So hat er uns also lebendig mit seinem Leben den Weg geöffnet und gewiesen, der zur ewigen Glückseligkeit führt.

Und wenn dies ein Mythos wäre, so wäre es ein so starker und mächtiger Mythos, so dass alleine dies schon aufweisen würde, dass Jesus Christus aus Gottes Geist, aus Deinem Geist oh Herr, entsprungen ist. Nur ein Mythos, oder eine Wahrheit, die von Dir, oh Gott, kommt, die Dein Licht, Deine Liebe in sich trägt, kann die Menschen derart berühren und überzeugen, wie das Christentum es seit Jahrtausenden für Milliarden von Menschen tut. Dabei ist es heutzutage, wo die Kirchen Tradition sind, weniger verwunderlich, als in der Zeit direkt nach dem Tod Deines Sohnes Jesus Christus: dass sich damals das Christentum, sich immer mehr ausbreiten konnte, und trotz Verfolgung immer stärker wurde, und auch, dass es nach der kommunistischen Herrschaft in vielen Regionen wieder aufblüht, das ist für mich ein Zeichen, dass es vom Geist Gottes, Deinem Geist, oh Schöpfergott, begleitet wird, dass sich in ihm tatsächlich Dein Wille zeigt, und dass das Christentum verkündet, dass Du, oh Gott, die Liebe bist, und wir Dir mit einem liebenden Herzen begegnen und uns Deiner Obhut anvertrauen können.

Was auch immer damals vor 2.000 Jahren ganz wissenschaftlich exakt in Israel geschehen sein mag, unser Herz versteht die Wahrheit, die die Lebensgeschichte Deines Sohnes Jesu Christi verkündet, heute noch genauso gut wie damals. Und wer sich auf Jesu Lebensgeschichte einlässt, für den wird Jesus Christus im Inneren auch lebendig, er war und ist mit uns, wenn wir ihn in unser Herz einlassen, und er führt uns zu Dir.

Ich selbst, oh Herr, glaube sehr wohl, dass Jesus Christus gelebt hat. Er ist zu uns gekommen, von Dir gesandt, als die Menschen bereit und verständig genug waren, seine Botschaft zu verstehen. Ich glaube, dass er in Deinem Geist gewirkt hat, dass er mit der Strahlkraft Deines Geistes gelehrt und sein Leben als Beispiel gelebt hat, und dass er Dein Sohn ist, weil Dein Geist und Deine Liebe in ihm so stark wirkten, wie in niemanden sonst.

Ob Jesus Christus tatsächlich körperlich den Jüngern nach der Kreuzigung erschienen ist, oder ob es Visionen waren, das ist für mich nicht entscheidend, denn auch die Visionen wären für mich göttlichen Ursprungs, wären Ausdruck Deines Geistes, oh Gott, und würden aufzeigen, dass das Leben nach dem Tode Wirklichkeit ist, und dass Deine Liebe, oh Herr, niemanden in der Nacht des Todes vergehen lässt, der auf Deine Liebe und Zuneigung vertraut und sie erwidert.

Dies kann meiner Ansicht nach auch unbewusst geschehen, es muss nicht jeder gläubiger Christ sein und dies bekennen, um bei Dir mit seinem liebenden Herzen aufgenommen zu werden. Nur, wer die Liebe überhaupt nicht kennt, der würde auch bei Dir wohl nichts finden, was ihm etwas bedeuten würde, der ist vielleicht in der Nacht des Todes besser aufgehoben.

Doch alle, die wir die Liebe kennen, dürfen auf Dich und Deinen Sohn auch nach dem Tode hoffen. Die wahre Liebe ist niemals vergebens, sei es die Liebe zu Dir, mein Gott, sei es die Liebe zu anderen Menschen, sei es die Liebe zu Deiner Schöpfung. Die Liebe ist immer in Deiner Ewigkeit geborgen. Diese Hoffnung, dieser Glaube, lässt mich das Leben auch in schweren Zeiten mit innerer Freude erleben. Amen.

Kleine Bemerkungen

Wissenschaftliche Wahrheitssucher:

Einem, der glaubt, nur allein in der Wissenschaft Wahrheit finden zu können, würde ich gerne sagen:

„Ihr Wissenschaftler sucht nach harten Fakten und nach Wiederholbarem, und: ihr werdet fündig – wer sucht, der findet.
Aber auf dieser Suche könnt ihr kaum Einmaliges
und auch nicht die Liebe Gottes finden,
dafür müsst ihr eure Suche anders ausrichten,
anders schauen,

anders hören.
Dann werdet ihr fündig. Denn auch hier gilt:
wer sucht, der findet.
Ihr müsst Euer Herz mit auf die Suche nehmen
und dabei auf eure Seele hören.
Wenn ihr dies nicht wollt,
werdet ihr vielleicht ewig in der öden Wüstenei
der kalten reinen Sachargumente bleiben,
festgefroren an Evidenz-Beweisen,
innerlich leer und ohne tief reichende Hoffnung.
Gottesliebe findet und entdeckt nur ein sehnendes Herz,
das auf die Sprache der Seele hört
und das Licht der Liebe
im Inneren des Herzens fühlen kann."

Wissenschaft und Glaube:

Wissenschaft sucht isolierte Ablauf-Gesetzmäßigkeiten.
Glaube ist lebendige Beziehung.

Licht:

Licht ist der Weite nahe, es eilt mit größter gekannter Geschwindigkeit durch den kosmischen Raum, geradlinig von einem Punkt aus in alle nur möglichen Richtungen, zielstrebig wirkend, als wüsste es um die Weiten des Universums und wollte sie verbinden. Das Licht ist geheimnisvoll und leuchtet auch in unserem Inneren.

Gegensätze und Einheit:

Die Welt entsteht durch Gegensätze,
der Glaube ahnt die Einheit dahinter.

Das Gefäß Gottes:

Gott im Himmelreich ist das Gefäß,
in dem unser Geist
Ruhe und Glückseligkeit findet.